仕事をテキパキ、スピードアップ

時間活用術

水口和彦 著

はじめに

現在のビジネスパーソンにとって、「時間」はとても重要な資源の一つです。目の前の仕事をこなすためにも、将来に備えて必要な能力を身につけ、強化していくためにも時間は必要です。「いかにして時間を効率的に使うか」というのは、特にこの数年、ビジネスパーソンの関心事の一つになっています。

「時間の使い方」を考える上で、最も気になるのはやはり仕事の時間です。たとえば、仕事をスピードアップし、残業を減らすことができれば、プライベートの時間を増やすことができます。あるいは、同じ仕事の時間のなかでも「やらなければいけない仕事」をスピーディーに片付けて、「やりたい仕事」や「将来のための仕事」に時間を使いたいという人も多いでしょう。ですから、仕事のスピードが高まることにはさまざまなメリットがあります。

本書では「仕事のスピードを高める」「効率よく仕事をする」ことを目的とした「仕事術」や「タ

イムマネジメント」にこだわって、いろいろな手法を紹介していきます。単なる時間節約や作業のスピードアップにとどまらず、「仕事のスピード」はさまざまな角度から改善することができるのです。ただし、仕事をスピードアップするといっても、無理をしてスピードを上げるのでは、結局長続きしないものです。「効率を高め、無理なくスピードアップできる」という手法を中心に紹介していきます。

ちょっと意外に思うかもしれませんが、こうした「仕事術」や「タイムマネジメント」などの手法は、職場ではあまり教わらないものです。あくまでも個人的なスキルの一環であるという考え方が根強かったためか、研修に取り入れられることがあまりなかったのです（最近になって、そういう状況も変わりつつありますが）。ですから、本書で紹介する手法は社会人経験が浅めの方はもちろん、経験が長い人にとっても知らないこと、新鮮なことが多いはずです。ぜひ実行してみてください。

もくじ

第3章　仕事の「段取り」を良くする——69

第4章　「頭の整理」で仕事を効率的に進める――111

第1章

仕事はスピード勝負?

1 現代のビジネスパーソンに必要な「スピードを活かす仕事術」

① 「速く」なり「早く」なったビジネス環境

「仕事に追われて大変だ」「残業がいつも長くて帰りが遅くなる……」

「もっと時間を活用したい」「時間のムダをなくしてスピードアップしたい」

現在のビジネスパーソンに「時間」の悩みはつきもの。そういっても過言でないくらい「時間をうまく使いたい」というビジネスパーソンは多いものです。「残業が多すぎるので減らしたい」という切実な悩みもあれば「他社に抜きん出るために」「短期間で仕事の成果を出すために」という野心的な望みもあります。

そのような思いを持つのも当然と言えば当然。働く中で「時間」や「スピード」が重視される傾向は年々強まっています。どの業界でもビジネスが「速く」そして「早く」なっているためです。

ビジネスが「速く」なっているというのは、文字通り、仕事のスピードが速くなっているということ。たとえば、書類一つ作るにしても、昔と今とはずいぶん違います。

たとえば一九九〇年代初め頃はパソコンが現在ほど高機能でなく、文章とグラフを別々にプリントアウトし、それを切り貼りして書類を作ることもありました（パソコン上の切り貼りではなく紙の切り貼りです）。当然、現在ほど速く書類を作ることはできません。さらに時代をさかのぼって一九八〇年代は、手書きで書類やグラフを作ることもありました。下書きしたり清書したりと、現在と比べて時間がかかったのは想像がつくと思います。

それに比べて現在は非常に便利になっています。同じ内容の書類を作るにも短時間で作れますし、修正も短時間でできます。仕事はかなり「速く」なっています。

仕事が「速く」なるのは便利なことですが、それと同時にビジネスは「早く」なっています。こちらの「早い」は、仕事が短納期になっているということ。仕事が完了するまでの期間が短くなったことを指します。

たとえば自動車業界では、一つの車種を開発する期間が大幅に短くなりました。従来は四年間かけた開発が当たり前でしたが、現在は開発期間が二年や一年半のことも珍しくありません

（中には一年以下の事例まであります）。食品業界もそうです。次々と新製品が誕生して商品棚は頻繁に入れ替わります。これも以前は考えられなかったことです。

このようにビジネスが「早く」なったのは、先ほど述べたように仕事が「速く」なったため。一つひとつの作業が速くなった結果、「早い」製品開発が可能となったのです。そして、その自動車メーカーや食品メーカーに原材料を納めたり、サービスを提供する会社も同様に仕事が「早く」なるわけで、あらゆる業界で仕事の期間は短くなりました。

この変化、つまり仕事が「速く」なった（作業がスピードアップした）ことと仕事が「早く」なった（短納期になった）ことは表裏一体のもの。「速い」からこそ「早く」できるわけですし、「速い」からこそ「早い」仕事をしないと競争に勝てないわけです。

②「速く」「早い」ビジネス環境に対応するために

こうした変化の中、私たちの仕事も変化しています。一つの仕事にかける時間は短く、その分、一日にこなす仕事の「数」が増えたため、数多くの仕事をうまくコントロールする能力が必要になってきました。以前よりも計画力や自己管理能力が重要になっているのです。

また、仕事の納期も厳しいため、そのプレッシャーに負けないことも大事です。たとえば「仕事に追われながら、とにかくがんばる」だけでは疲れてしまい、健康上の問題やメンタルヘルスの問題につながることもあります。仕事とプライベートの気持ちの切り替えなども含め、自分自身をうまくセルフマネジメントしていくことも必要です。

こういった「速く」しかも「早く」なる環境の変化は、今後も続くと考えられます。時間をうまく使い、自らのスピードを高めていくことの重要性は高まるばかりです。

本書では、このような「スピード」環境の中で働くために身につけておきたい仕事のやり方を紹介していきます。

2 スピードって何だろう？

① 「瞬間的なスピード」と「仕事全体のスピード」

では「速く」「早い」ビジネス環境に対応するためにはどうすればいいのでしょうか？

たとえば、忙しいビジネスパーソンなら誰でも「仕事のスピードを上げたい」と感じることでしょう。しかし、一分一秒を惜しんで、ピリピリしながら仕事をする…というのもちょっと違うような気もします。「仕事のスピードを上げる」とはどういうことなのか？　まずはここから考えてみましょう。

仕事で「スピード」というと、まず「作業をこなすスピード」が思い浮かびます。報告書を作る、メールを処理する等、それぞれの作業を速くこなすことは大事です。

しかし、それだけで成果につながるとは限りません。たとえばお客さんに「あの会社は仕事が速い」と評価してもらうには「作業をこなすスピード」はそれほど関係ありません。実際、作業しているところを見せるわけでもありませんから。

「あの会社は対応が早い」「あの人は仕事が速くて安心だ」そう言ってもらえるためには作業のスピードだけでなく「仕事を頼まれてから」あるいは「これをやるべきだ」と気づいてから、それが完了するまでの「期間」が重要です。たとえば、こんな例があります。

Aさんは、仕事を計画的に進めていくのがちょっと苦手。嫌な仕事はついつい先延ばしにしてしまうこともあります。しかし、仕事の期限が迫ってくるとエンジンがかかり始め、次々と作業をこなしていきます。このときのAさんの仕事は確かに猛スピードです。でも、その「速さ」の割には、仕事が仕上がるのは決して早くありませんし、お客さんから見ても速いとは思われない。つまり、努力の割には結果に結びついていないのです。

瞬間的なスピードは速いのに、それが仕事全体のスピードに結びつかないのはもったいないことです。しかし、このAさんのように「期限が迫ってこないと仕事に手がつけられない」という人は決して少なくありません（私もそういうところがありました）。ここを改善するだけでも仕事の（仕事全体の）スピードは変わってきます。

②広い視野で「スピード」をとらえよう

本当の意味で「仕事のスピード」を上げるためには、Aさんのような作業をこなすスピード（瞬間的なスピード）だけでは不充分。本人の能力や努力がうまく仕事の成果に結びつきません。「作業のスピード」だけでなく、幅広い視野で「スピード」をとらえる必要があります。

また、Aさんのように「追い詰められて」「強いプレッシャーを感じながら」仕事をするのは、自分自身をすり減らしながら働くようなもの。長期的に見れば健康上の問題やメンタルヘルス上の問題を引き起こしかねません。実際、競争志向やスピード志向が強く、自らにプレッシャーをかけるタイプのビジネスパーソンは「タイプA」と呼ばれ、虚血性心疾患（狭心症や心筋梗塞など）になりやすいことがわかっています。また、長時間残業する状況が続くと、「うつ」などのメンタルヘルス上の問題を引き起こしやすくなるといわれています。

さらに、Aさんのような仕事のやり方は、自分で思っているほど周りから評価されないものです。本人は「追い詰められた状況を挽回する自分はすごい」と思っているかもしれませんが、周りから見れば「追い詰められなきゃ、やれないダメな奴」と映るかもしれません。また、ひとりでイライラ、カリカリしながら仕事をする姿は、周りから見るとちょっと「ウザイ」と言う人もいます。

このAさんのスピードは「瞬間的なスピード」であり、言わば「自分本位なスピード」です。本書では、こういう自分本位なスピードではなく、もう少しスマートな「スピード」を目指していきましょう。その方が仕事の成果も、周りからの評価も高まります。

もちろん「仕事を速くこなす」テクニックが不要というわけではありませんし、それらも本書では紹介します。しかし、それだけでなく、仕事の進め方や計画の立て方を含めてレベルアップしていくことが大事なのです。無理に自分を追い込まなくても仕事が進められるようになれば、自分自身も無理をしなくて済みますし、仕事に対して感じるストレスも少なくなるなど、自分にとってもメリットが数多く生まれます。

3 「速く」「早い」環境に対応する三つの「スピード」

① 一日の仕事をスピードアップ

「スピード」を広い視点でとらえ、「速く」「早い」ビジネス環境に対応するために、本書は三つの「スピード」を改善していくことをおすすめします。「時間」の観点で考えて、三つのアプローチが考えられるのです。

一つは「一日の仕事をスピードアップする」ことです。今日やるべき仕事、目の前にある仕事を素早く、テキパキと片づけていくことです。

私たちの仕事の中には、さまざまな仕事があります。大きな成果につながる仕事もあれば、あまり成果につながらない仕事や、退屈な仕事もあるものです。こうした小さな仕事を含めて、手早くこなしていくことが必要です。

「時間の使い方」を指南する本の中には、「重要じゃないことを捨てて、より重要なことに取り組みなさい」という意味のことが書かれていることがあります。しかし、現在の仕事環境では、これは半分正解、半分間違いです。成果につながらない仕事を減らし、成果の高い仕事を増やしていくことはもちろん大事ですが、すべてがそう簡単にいくわけではなく、どうしてもやらざるを得ない仕事もあるものです。そうした仕事を「重要じゃないから」と仕事を放置すると、それがトラブルの原因となり、かえって時間と手間を取られてしまうことも出てきます。

「より重要なことに注力する」のは仕事の基本ですが、だからといって「重要じゃない仕事」を放置してしまうと、かえって仕事に振り回されてしまいます。小さな仕事も含めてテキパキと片づけていく方が、かえって重要な仕事に集中しやすくなります。

この「一日の仕事をスピードアップ」するためのテクニックは第２章で紹介します。

②計画的に進めてスピードアップ

二つめは「一日」だけでなく、もっと先を考えて仕事を組み立てることです。何日か先、あるいは何週間か先のことを考え、仕事の段取り（手順）を立てることが、スムーズな仕事、効率のよい仕事につながります。「計画的に進めてスピードアップ」するわけです。

「計画的に進める」というのは、口で言うのは簡単。しかし、実際はなかなか難しいものです。Aさんのように、仕事の納期ギリギリになってあわててやり始めるタイプの人は少なくありません。

こうした問題を避け、段取りよく仕事を進めていくためには、自分の仕事を整理し、その手順を組み立てていくことが必要になります。仕事の流れを作っていくという感じです。自分の仕事を整理し、先を予想しながら行動すれば、いろいろな問題に先手を打って対処しやすくなります。それが結果的として楽に、効率的に仕事を進めることにつながります。

ただし、仕事の計画を立てたり、それを実行したりするのは結構面倒だというのも事実。また、予定外の仕事が飛び込んでくることも多く、せっかく計画を立ててもムダになってしまうという話もよく聞きます。私自身もそういうことがよくありましたが、これらの問題は計画の立て方しだいでかなり改善できますのでご安心ください。

この「仕事を計画的に進める」テクニックは、第3章で紹介していきます。

③頭の働きをスピードアップ

三つめは、逆に「今日一日の仕事」よりももっと短い場面でのスピードを高めること。たとえば、仕事のスピードを高めるためには、短い時間で決断したり、アイデアを出したりすることが必要な場合もあります。これがうまくできないと仕事は止まってしまいます。つまり「頭の働きをスピードアップ」することが必要なのです。

「頭の働きをスピードアップ」といっても、いわゆる脳トレーニング的なもので頭を鍛えようということではありません。そういったものにもある程度の効果はあるかもしれませんが、ビジネスの場ではもっと身近に解決すべき問題があります。

たとえば、じっくり考える時間がなくて決断できないという場合は、時間を作る工夫、あるいは短時間で決断する工夫が重要です。アイデアが必要な場合も同様。短い時間を利用してアイデアを出すことができれば、それだけ仕事の質もスピードも高まります。

また、仕事が忙しいとあれこれ気になることが多く、そのせいで一つの仕事に集中できなくなる場合もあります。ですから、自分の頭を整理し、頭をうまく切り換えられるようにすることがとても重要です。「時間の使い方」や「計画の立て方」が頭の働きにまで影響してしまうのです。

そのためのテクニックは第4章で紹介していきます。

4 デスクワークにも参考になる「八つのムダ」

① 細かな改善を積み重ねる理由

私たちの仕事の「スピード」には一筋縄ではいかない部分もあります。たとえば、いろいろ問題が多く困っていた状況が、良いアイデア一つで一気に改善することもあります。「デスクワークの仕事」「頭を使う仕事」では、場合によっては「一発逆転ホームラン」があり得るわけです。

そのせいか、デスクワークに従事する人の中には、スピードを上げるテクニックや、仕事の計画を立てることを軽視する人が少なくありません。それよりももっと「創造的」な部分にがんばればいいという考えです。しかし、これは大きな間違いです。細かな改善をおろそかにすると、逆に細かな仕事やつまらない仕事に振り回されてしまいます。いつも余裕がないので、かえって良いアイデアを生み出すことができなくなります。

たとえば、私の仕事の一つ、本を執筆する仕事にも似たところがあります。執筆の仕事では、アイデアが浮かばなければ、いくらがんばっても仕事が進まないことがあります。いわゆる「創造性」が大事な仕事。だから細かい作業のスピードなどは、一見無関係のように思えるかもしれません。私もその難しさを痛感しています。

しかし、この仕事を続けてみて（この本が八作目です）感じるのは「細かい作業が片づくからこそ考える時間を作ることができる」「計画的に仕事を進めるからこそ大事な仕事に集中できる」ということ。**「あまり創造的でない仕事」も含めて改善していくことが、結果として「創造的な仕事」の改善につながるのです。**「一発逆転ホームラン」があり得るデスクワークの世界においても、地道な改善を重ねる効果はとても大きいと感じます。

②「八つのムダ」を知っておこう

この「改善（カイゼン）」という言葉で思い出されるのがトヨタ自動車です。競争の厳しい自動車産業の中で、トップクラスの販売台数を誇っているトヨタ自動車グループ。そのトヨタの強さを支えているのが「トヨタ生産方式」です。

実は、私もエンジニア時代にこの「トヨタ生産方式」に取り組んでいたことがありますが、改善を積み重ねていくやり方の基本はデスクワークの改善にも通じるものがあると感じています。特に、トヨタ生産方式の中で言われる「七つのムダ」と呼ばれる七項目は参考になりますのでここで紹介しておきましょう。

《トヨタ生産方式の七つのムダ》

①作り過ぎのムダ：注文のない製品を作るムダ
②手待ちのムダ：自分の作業が始められずに待たされてしまうムダ
③運搬のムダ：運搬距離が長すぎたり、運搬回数が多すぎるムダ
④加工そのもののムダ：本来は不要な作業をわざわざ行うムダ
⑤在庫のムダ：多すぎる在庫のために場所を確保するムダ。在庫を管理する作業のムダ
⑥動作のムダ：本来は不必要な動き・ムダな動作を行うムダ
⑦不良をつくるムダ：不良品を廃却したり、再加工する手間をかけるムダ

この七つのムダにもう一つ、

⑧　何もしないムダ：生産の機会や改善の機会があるのに行動しないムダ

これを加えて「八つのムダ」ともいわれます（八つめのムダは違う項目があげられる場合もあります）。

この「八つのムダ」は使われている用語のせいもあって、一見して意味がわかりづらいものもあると思います。しかし、デスクワークの中にも共通してこれらのムダはあるというのが私の実感です。

そこで、本書では先ほどの「三つのスピード」を紹介していく中で、これら「八つのムダ」に当てはまるものを、それぞれ解説していきます。あまり難しく考える必要はありませんので、改善のヒントとして参考にしてみてください。

column 1

ワーク・ライフ・バランスとは？

最近「ワーク・ライフ・バランス（仕事と生活の調和）」という言葉を耳にする機会が増えました。日本は特に「仕事時間が長い（長時間残業する）人が多い」と言われており、ワーク・ライフ・バランスの改善が必要だと言われます。つまり、仕事の時間を短く、プライベートの時間をもう少し長くすべきでは？ということです。

仕事熱心な人は「そんなのほっといてよ」と思うかもしれませんし、私も残業を一切するなと言いたいわけではありません。しかし、実際、長時間労働が続くと、決して良い結果はもたらさないものです。残業が長くなり、睡眠時間を削るようになると、疲労が蓄積し、仕事の質や効率も低下しがちです。これは一種の悪循環。「残業しても仕事が片付かない」「なかなか仕事に集中できない」と感じるようなら要注意です。

目指すべきなのはその逆パターンです。時間的な余裕を作り、ちゃんと休養を取ること。さらに、勉強やスキルアップに取り組む余裕が持てると、仕事の質や効率が高まり、時間の余裕はますます増えます。そういう好循環を作るためには「早く仕事を終わらせる」ことも大事。少しずつ改善してみてはいかがでしょうか。

第2章

仕事のスピードを上げる

1 一日の仕事のスピードを上げる三つの方法

①作業そのもののスピードを上げる

この章では、まず「一日の仕事のスピードを上げる」ためのテクニックを紹介していきます。一日の仕事を素早く済ませていくために有効な方法は三つあります。その一つが先ほどから出ている「作業そのもののスピードを上げる」ことです。

現在はパソコンを使った仕事が多いですから「作業そのもののスピード」を上げるためにはパソコン関係は避けて通れません。しかし、これにはかなりの個人差があります。その原因の一つが「身につけたスキル」です。

たとえば、キーボードをタイプするスピードが上がれば、メールも書類作成もスピードは上がります。こうしたスキルを身につけるには、ある程度の訓練も必要です。しかし、いったん身についてしまえば、常にスピードが高い状態で仕事が進められます。

また、パソコン作業では「知識」による差も出てきます。たとえば「便利な使い方を知っている」かどうかでパソコン作業のスピードは大きく変わります。たとえば「ショートカットキー」と呼ばれるキー操作の組み合わせは、パソコンを素早く操作するために役立ちます。こういった「知識」は先ほどの「スキル」ほどの訓練は必要でなく、知っているかどうか、知ろうとする意志、使おうとする意志が重要です。

パソコンでスピードに差がつく作業は他にもあります。特にメールでは差が大きくなります。たとえば、メールをなかなか返信せずに何度も読み返して悩んだり、未処理のメールが残っていないか何度もチェックしたりするのは時間のムダになりがち。結果としてメール処理のスピードには個人差が大きく表れます。これは「スキル」や「知識」だけでなく、メールをどうやって処理していくかという考え方や手順が影響しています。効率的な手順を身につけ、それを自分の「ルール」としてくり返し行うことができれば、仕事のスピードは上がってきます。

②「ムダな仕事」を減らす

「一日の仕事のスピード」を上げるために第二に考えられるのが「ムダな仕事」を減らすことです。ムダな仕事を減らしていけば、より少ない労力で仕事を進められますし、結果として仕事は速く終わります。

たとえば、私たちが仕事をしている中にある典型的なムダの例が「探しもの」に費やす時間です。書類やパソコンのファイルなど、探しものが見つからないとイライラすることもありますし、時間もムダになってしまいます。

こうした「ムダ」は他にもあります。会議がなかなか始まらなくて「待たされるムダ」もその一つ。こうしたムダは一つだけ見ればそう大きくありませんが、積み重なると大きな差を生みます。

③「ムダな時間」を減らす

さらに「一日の仕事のスピード」を上げるために、第三に考えられるのが「ムダな時間」を減らすことです。別に「休憩時間を取るな」というわけではありません（適度な休憩は仕事の能率を高めてくれることもあるものです）。

ここでいう「ムダな時間」とは「次にどの仕事をしようか」と迷ったり考えたりする時間など、仕事が進まないままにいつの間にか過ぎてしまう時間のことです。仕事の計画をうまく立てると、こうしたムダな時間がなくなり、仕事と仕事の間がスムーズにつながるようになっていきます。これが意外に「一日の仕事のスピード」を改善してくれるのです。

では、この章ではこういった「一日の仕事のスピードを上げる」テクニックを紹介していきましょう。「作業そのもののスピードを上げる」「ムダな仕事を減らす」「仕事と仕事の間をスムーズにつなぐこと」この三つを紹介していきます。

2 タイピングのスピードアップ
――作業スピードを上げる①

①キーボード入力のスピードを上げる

現在はパソコンを使った仕事が多いため、パソコン操作のスピードは「仕事全体のスピード」にかなり影響してしまいます。「パソコンはあまり得意じゃない」という人も、もう「得意じゃない」ではすまされません。また「パソコンは得意」という人も、まだスキルアップの余地があるかもしれません。

「パソコン操作のスピードを上げる」というと、パソコンにすごく詳しくならなければいけないようですが、操作スピードに最も大きな影響を及ぼすスキルは、パソコンの誕生以前からある「タイピング」のスキルです。

メールにしろ文書作成にしろ、パソコンで文章を書く場合にタイピングは不可欠。このタイピングのスキルしだいでパソコン仕事のスピードは大幅に上がります。

パソコンのキーボードは慣れるに従い速く打てるようになりますが、きちんとしたスキルを身につけているのといないのでは、差が出ます。ここでいう「きちんとしたスキル」とは「キーボードをまったく見ずに打てるかどうか」が目安になります。このキーボードを見ずに打つ技術は「タッチタイピング」と呼ばれます。

かなりパソコンに慣れているのにタッチタイピングを身につけていない人は意外に多く、それがパソコン作業のスピードが伸びない原因にもなっています。「今さら」と思う人もいるかもしれませんが、タッチタイピングを身につけるのに遅いということはありません。「これからもっとパソコンに慣れたい」という方はなおさらです。早いうちにタッチタイピングを身につければ「パソコンアレルギー」の解消にも役立ちます。

②タッチタイピングを身につけるために

私が「タッチタイピング」をおすすめするのは、このスキルを身につけるのは**思ったほど難しくない**からです。

タッチタイピングを身につけるためには**「正しい指の動きを覚えること」**と**「キーボードを見ないでタイプするクセをつけること」**が必要です。この二つを練習するためには、最初はタイピング練習用のソフトを用いて練習することをおすすめします。

ただし、タイプ速度を競うような「早打ち」の練習をする必要はありません。キーの配置と指の動きの基本だけを練習すれば充分。基本が身につけば、あとは毎日の仕事の中で自然に上達します。つまり、基本を身につけてしまえば、後は特別に練習しなくても、上達していくわけです。これは他のスキルと比べてもかなりお得。身につけないのはもったいないです。また、特別なソフトを使用する必要はなく、フリーソフトあるいは、無料で練習できるインターネット上のサイトもあります。

「日本語ワープロ検定試験」の基準を例にあげると、タイピング初心者に近い「四級」では十分間に漢字まじりの日本語で二百文字を打ちます。しかし、タッチタイピングを身につけ、日々パソコンを使用していると、一級相当の八百文字以上打つことも不可能ではありません(実際、私もそれ以上のスピードでタイプできるようになりました)。これだけ上達すると、二百文字のメールを十通タイプするのに必要な時間が百分から二十五分に短縮されるのと同じ。毎日の仕事のスピードは確実に上がります。タッチタイピングの基本を身につけるのに二十～三十時間程度かけたとしても(実際はそんなにかかりません)、ほぼ一か月で取り返せます。

■図表２-１「タッチタイピング」でタイピングのスピードアップ

タッチタイピングを身につけるには
・画面にキーの配置が表示され、キーボードを見ないで練習できる
・一段ずつ練習できる
という機能のある練習ソフトもあります。

また、タッチタイピングが身につくと「パソコン疲れ」も予防できます。タッチタイピングが身についていないと、どうしてもキーボードをチラチラ見てタイプしますが、この視線の移動がなくなると疲れにくくなるのです。

トヨタ生産方式の「八つのムダ」の一つに「何もしないムダ」があります。これは、せっかく生産性を高める改善の機会があるのに、それを利用しないことが「ムダ」だという意味です。タッチタイピングを身につけずに、いつまでも自己流のタイピングを続けていくのは、まさに改善できるチャンスを利用しない「何もしないムダ」に当てはまります。練習には数時間～数十時間かかるにせよ、その時間は、タイピングのスピードアップで簡単に取り返せます。始めるのに遅すぎることはありません。挑戦してみてはいかがでしょうか。

3 パソコン操作のスピードを高める
――作業スピードを上げる②

①ショートカットキーでスピードアップ

パソコンでの作業スピードを高めるためには、タイピング以外の方法もあります。それぞれのソフトに習熟するのもその一つ。さらに、いろいろなソフトで幅広く使えるのが「ショートカットキー」です。

ショートカットキーというのは、パソコンのＯＳやソフトで決められている「キーの組み合わせ」のことです。これを用いると、マウスでメニューを操作するよりも素早い操作が可能になります。

たとえば、ほとんどのソフトで使用できるものに「コピー（ＣＴＲＬ＋「Ｃ」）」と「貼り付け（ＣＴＲＬ＋「Ｖ」）」があります。また「元に戻す（ＣＴＲＬ＋「Ｚ」）」と「切り取り（ＣＴＲＬ

＋「X」)」も多くのソフトで使用できます。これらはキーボード左手前に四つ並びますから覚えやすいです。（※Macintosh《マッキントッシュ》ではＣＴＲＬキーの代わりに⌘コマンドキーを用います）。これらはタッチタイピングより簡単ですし、作業内容によってかなりスピードアップします。

②ビジネス用途ではショートカットキーが役立つ

もし、頭から順番に文章を書いていくだけの作業を行うなら、これらのキーはあまり役立ちません。しかし、仕事での文書作成はあまりそういう書き方はしません。過去の報告書を元にして書き替えたり、文書の再編集やレイアウトの変更も多いです。こうした作業を行う際、ショートカットキーはとても役立ちます。毎回マウスでメニューをクリックして……とやるのと比べると雲泥の差です。

また、メリットはスピードアップだけではありません。マウス（右手）の操作が減り、キーボード（左手）の操作が増えるとバランスが良くなり、肩こりや「パソコン疲れ」が起こりにくくなります。その結果、作業そのものにも集中しやすくなります。

③ショートカットキーの覚え方

こうしたショートカットキーは、一度に全部覚えようとすると大変ですし、無理にすべてを覚える必要もありません。仕事の中でよく使うものだけを覚えればいいのです。

また、特別なマニュアル等もなくて構いません。たとえばWindows《ウインドウズ》の場合、メニューの部分に「ファイル（F）」のように、アルファベットが表示されている場合があります。これは「Alt」キーと合わせて押すショートカットキーを表しています。「Alt」と「F」を押すと「ファイル」メニューが開き、さらに「A」を押せば「名前をつけて保存（A）」が選択できる、という具合です。このようにメニュー上にキーが表示されている場合は、マニュアル等を見なくても使えます。これを見ながら操作すれば、仕事をしながら覚えていくのも難しくありません。

一方、最初に上げたような「CTRL」キーと組み合わせて使うタイプのショートカットキーの文字は動作の意味（言葉）から決められているものが多いです。印刷（CTRL＋「P」：print の意）、すべて選択（CTRL＋「A」：All の意）、太字（CTRL＋「B」：Bold の意）、ファイルを開く（CTRL＋「O」：Open の意）などがあります。

④パソコンの二画面化で効率化

他にパソコン作業を効率化する方法として、ディスプレイの増設も有効です。たとえば、参照する資料と作業する文書の両方を見ながら作業できるなど、役立つ場面はいろいろあります。ウィンドウを切り替える手間も省け、作業効率はとても上がります。

このパソコンの二画面化は、お金をかけずにできる場合もあります。ノートパソコンの多くは、外部ディスプレイをつないで本体との二画面使用が可能になっています。会社に古いディスプレイがあれば、それを引っ張り出してきてつなげばタダ。まずはやってみてはいかがでしょうか。

こういうパソコン関係の知識を毛嫌いする人もいますが、それはもったいない話です。これらは決して難しくない、一種の「生活の知恵」のようなもの。毛嫌いするのはもったいない話です。また、これだけパソコンを使っているのに、それについて知ろうとしないのも「何もしないムダ」です。二画面化も同じ。二画面化するのは意外に費用がかからないものです。一度、確認してみてはいかがでしょうか。

4 メールを効率的に処理する
――作業スピードを上げる③

①メールはムダの温床？

パソコン作業のスピードを上げるためには、こういった「操作」のスピードを上げるだけではなく、作業の手順を改善することも有効です。たとえば、メールは手順しだいでその効率が大きく違ってきます。

仕事におけるメールの比重は年々増すばかりで、現在では一日に一時間以上をメールに費やす人も多く、中には二時間、三時間という人もいます。このメールを読んだり送ったりする作業をスピードアップするためには逆転の発想が有効です。「メールをすぐに開いて読む」のではなく、あえて「**メールを見ない時間を作る**」ことが効果的なのです。

一般的なメールソフトは新しいメールを受信すると「メールを受信しました」という表示が

出ます。たとえば、Excel《エクセル》などのソフトで作業をしている途中にこの表示が出ると、そのメールを確認したくなります。しかし、これが良くないのです。

Excelで行っていた作業を中断し、メールソフトを見る。そのメールが特に緊急のものでなければ「緊急でないからいいか」と、メールを見ただけで返信は後回しにしてしまう。ここに二重のムダが発生しています。

一つは、いま行っている作業を中断してしまうムダです。作業を中断してメールを読むと、作業中に考えていたことの一部を忘れてしまうことがよくあります。作業を再開したときに「どこまでやったっけ?」「これどうするんだったかな?」と考えてしまうケースです。こうしたちょっとしたことを思い出すためにも、時間や労力は失われてしまいます。同じ作業をするにも、静かな環境で集中すれば能率は上がりますが、電話や周りの人によって中断させられることが多いと能率はがくんと下がります。それと同じように、メールの場合、わざわざ自分で作業を中断してしまっているわけです。

また、メールそのものの処理にもムダが起こりがちです。仕事を中断してメールを見た場合、特に緊急の用件でなければ、返信を先延ばしにしがちです。そのメールは、結局後でまた読み直して返信を考えることになります。つまり、同じメールをわざわざ二回読んでしまうことになるのです。これも時間と労力のムダになります。

メールを効率的に運用するためには、こうした状況を生まないよう、自分なりの「メールのルール」を決めておくことが有効です。

②「メール」と「メール以外の作業」の区切りをつける

参考に、私の場合は次のように行っています。まず、メールソフトは新しいメールを受信しても表示しないよう設定しておきます。また、他の作業に集中するときはメールを見ないようにします。こうすると仕事が中断されることがなく、仕事の能率が上がります。

ただし、ずっとメールを見ないままでいるのは、緊急なメールがあった場合に困ります。ですから、仕事が一区切りついたら、今度はメールの方に集中するようにします。この一区切りは一～二時間くらいです。このくらいなら緊急なメールでもあまり問題ありません。

メールを読むときには、落ち着いてメールの方に集中するようにします。そうすると、すぐに返信できるメールはその場で返信してしまうことができます。また、すぐに返信できない内容のもの、何か問い合わせしたり検討したりしてから返信するものは、その作業内容を手帳の方に記入しておきます。返信が必要なメールを放置しておくと、後で「返信が必要ないメール」の中から「返信が必要なメール」を探す手間がかかったり、うっかり忘れたりしがちです。手

■図表 2 - 2 - ①　効率的に処理する「メールのルール」の例

《ルール 1》

メールとメール以外の作業の区切りをつける

他の作業をしている
ときはメールを見ない
区切りをつける
メールを処理するときは
メールに集中する
メールが
来たよ

他の作業に集中したいときは 1 ～ 2 時間、メールを見ずに作業に集中する。作業が一区切り付いたら、今度はメールの方に集中する。この区切りをつけると、気が散らずに作業できる。

《ルール 2》

メールはその場で処理する

①目を通すだけでいいメール → そのまま

②すぐ返信できる内容のメール → その場で返信する

③後で作業してから送るメール → 作業の予定を決めて手帳に書いておく

未処理のまま残しておくと、忘れたり、後で探す手間がかかる。その場その場で処理する方が、かえって効率がよい。

■図表 2-2-② 効率的に処理する「メールのルール」の例

《ルール 3》

メールの削除ルールを決めておく

(例 A) 処理済みメールは「処理済み」フォルダに移動させ受信トレイはきれいに空にする

(例 B) メールは削除しない

その場その場で必要な処理ができていれば、毎回メールを削除しなくても構わない

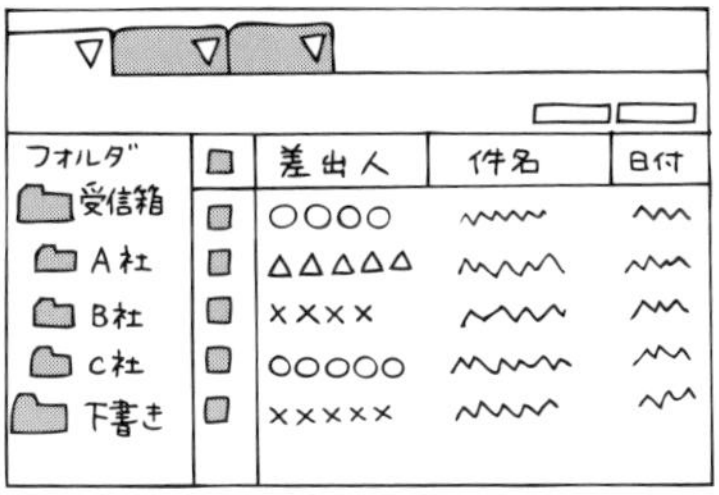

受信トレイをきれいに空にすると、未処理の案件が残ってないことが一目でわかる安心感がある。ただし、これは手間もかかるため、なかなか持続できない人も多い。
メールをその場で処理できているなら、メールを削除しないで運用することもできる。自分なりのルールを決めておくことが重要。(著者は後者のルールを使っている)

《ルール 4》

後で必要になる情報は、その案件のフォルダに移す

後で必要になる情報(添付ファイルやメール本文)は、その案件のフォルダに移しておくと便利
(本文はテキストファイルや Word のファイルとして保存)

仕事の納期や納品時の注意点など、後でメール本文を確認したいときに、検索して探すのは面倒だし手間のかかるもの。
必要な情報はその案件のフォルダに移してしまった方が、後で探しやすく、仕事を効率的に進めやすくなる。

帳に書いてしまった方が手間が省けることが多いのです。

こうやって**「メール」と「メール以外の仕事」の区切りをつける**のが、私が決めているメール処理のルールです。こうすることで、どちらの仕事にも集中しやすく、仕事の能率が上がります。こうしたルールは、例外を作らず守っていくことが大事です。例外的な処理を行うと、そこで見落としや失敗が発生しやすくなり、かえって非効率なことになってしまいやすいのです。

トヨタ生産方式の「八つのムダ」の一つに「動作のムダ」があります。作業の流れがよくなかったり、動作そのものに無理がある場合、作業効率が上がりません。このメールは意外に「動作のムダ」の原因になりやすいものです。同じメールをなかなか返信せずに何度も読み返すのも「動作のムダ」です。また、一つの作業に集中できずにあれこれやるものの、結局どれも片付かないという状況も「動作のムダ」。一つひとつの作業を確実に終わらせる習慣がこうしたムダを防ぎます。

5 「探すムダ」を減らす
――ムダを減らしてスピードアップ①

①「探しもの」のムダは大きい

一日の仕事をスピードアップするためには「ムダな作業」を減らすことも重要です。作業が減れば、少ない労力で仕事を進められ、仕事も早く終わる、といいことずくめです。「そんなムダがあるかなあ?」と思うかもしれませんが、意外にムダはあるものです。

ムダな作業の典型的な例が、探しものがなかなか見つからない状況です。仕事に必要な書類やパソコンのファイルが見つからないとイライラしてしまいますし、時間もムダになってしまいます。このムダを減らせば仕事は快適になり、スピードも上がります。

探しものを素早く見つけるというと、完璧に整理されたデスクやキャビネットなどが理想です。しかし、そういう理想の整理はなかなか実現しないものです。完璧に分類して整理したつもりでも、しばらくするとまた未分類のものが増えてきて、維持しきれなくなることも多いものです。「完璧な整理」という理想を求めるよりも、まずはすぐにできるところ、あまり手間がかからないところから始める方がうまくいきます。

②関連する情報は一つにまとめる

探しものを見つけやすくする最も効果的な方法は「**関連する情報を一つにまとめる**」ことです。これだけで探しやすさは大きく違ってきます。

一般に「整理」というと、書類やファイルなどの分類を決めることが大事だと思われがちですが、仕事で増え続ける情報を完璧に分類するのはなかなか難しいもの。分類が中途半端になってうまくいかないことも多いものです。

そこで「分類」はひとまずあきらめ、まずは「一つにまとめる」ことだけを考えます。たとえば、デスクの上に書類が山積みになっている場合、それらを仕分けして分類していくのはとても手間がかかります。また、分類された状態を保つのも大変です。ですから、分類する代わりに関連する情報（ある案件に関連した情報）だけは、一つにまとめるようにします。まず、紙の書類は封筒またはクリアファイルなどを用いてまとめます。まとめたものには、タイトルを書い

■図表２-３ 「まとめる」だけで、「探しもの」の時間は短縮できる

◆書類を「まとめる」

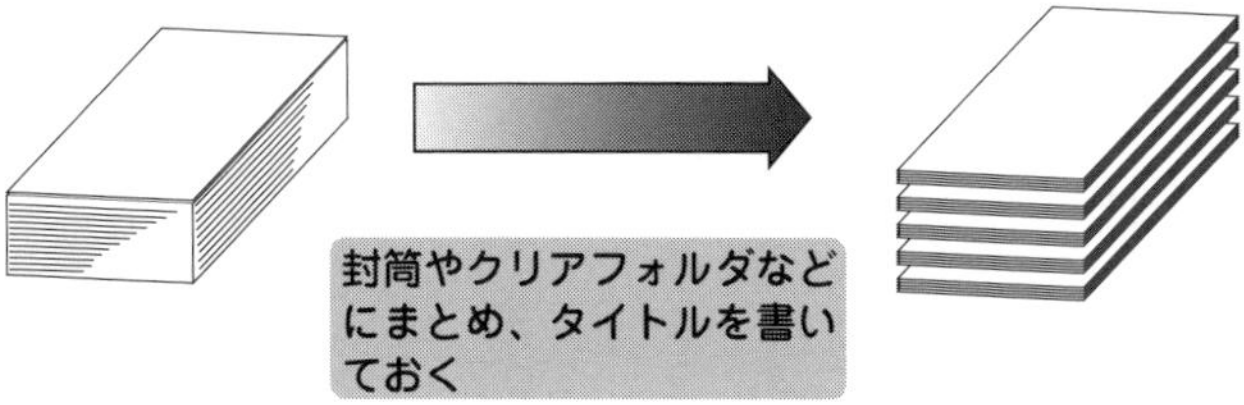

書類はバラバラのままではなく、案件ごとにまとめるようにする。（新しい案件が発生したら、すぐフォルダ等を作るのがポイント）まとめたものにはタイトルをつけておく。これだけで探す時間は大幅に短くなり、後で分類整理する際にも便利。

◆ファイルを「まとめる」

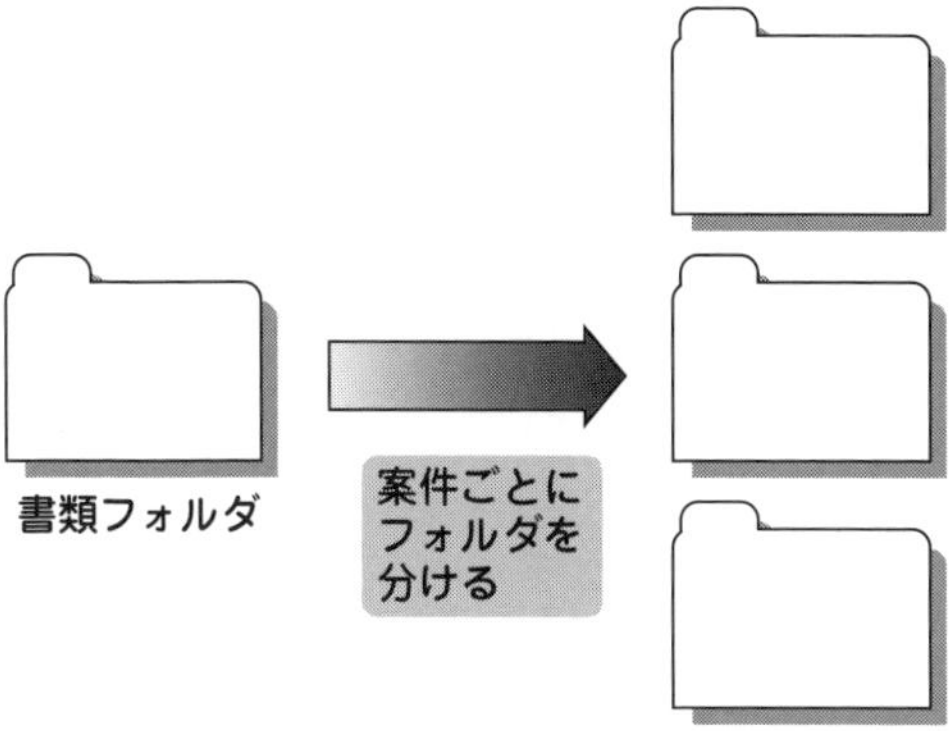

パソコンのファイルも１つのフォルダ内のファイル数が多くなると探しにくくなる。案件ごとにフォルダを分けるなど、分割した方が探しやすくなる。

ておくとさらに便利です。

デスクの上に積み上がった書類をこうしてまとめていくと、それだけで格段に探しやすくなります。たとえば、積み上がった百枚の書類から必要な書類を見つけ出すのは大変ですが、十枚の封筒に分けられていれば（同じように積み上げていても）ずっと素早く見つけられます。

もちろん、不要な書類はわざわざまとめるまでもなく、この段階で廃却してしまって構いません。

③すぐに「入れもの」を作る

手持ちの書類をこのようにまとめたら、次からは新しい書類は最初からまとめておくようにします。たとえば、何か新しい仕事の案件ができたら、その案件用の封筒やクリアファイルなどの**「入れもの」を作ります**。この「入れもの」を作る作業を面倒くさがって後回しにしてしまうと、あとでかえって手間がかかりますから、ここだけはマメに行うのがポイントです。これさえ徹底できていれば、あまり分類などにこだわらなくても、実用上あまり支障なく、探しものを素早く見つけられるようになってきます。

また、「一つにまとめる」ことは、後で不要になった書類をまとめて捨てられる点でも便利です。不要なものを捨てることで、ますます探しやすくなります。

④パソコンのファイルを素早く開く

パソコンのファイルも基本は紙の書類と同じ。ファイルがバラバラにならないように、仕事の案件ごとにフォルダを作ってそこに入れるようにします。**新しい仕事の案件ができた時点でフォルダを作る**のがポイント。逆にファイルをデスクトップに置くのはＮＧ。ファイルが増えると探しにくくなってしまいます。

さらに、パソコンのファイルの場合はもう一工夫できます。ファイルやフォルダは数が増えてくると探す手間がかかります。これを手早く開けるように工夫します。たとえば、よく使うフォルダの「ショートカット」を作成してデスクトップに置いておくと、一回クリックすればそのフォルダを開けて便利です。ただし、この方法はだんだんデスクトップ上がごちゃごちゃしてきて、かえって探しにくくなることがあります。

そこでおすすめなのが「ハイパーリンク」を使う方法です。ハイパーリンクというのは、文書内の文字などをクリックすると、他のファイルやフォルダを開くという機能。インターネット上では当たり前に使用しています。このハイパーリンクはWordやExcelなどのソフトで作る文書内にも作ることができます。文字や図形などにハイパーリンクを指定すると、それをクリックしただけで指定のフォルダが開けます。よく使うフォルダをこうしておくと一クリックで開けるのでとても便利です。また、そのハイパーリンクのタイトル（画面上で表示される文字）は、リンク先のファイルやフォルダに関係なく、自分の好きな名前（わかりやすい名前）を付けることができます。

さらに、ある仕事で使うフォルダは同じページにまとめて並べておき、別の仕事に使うフォルダは次のページに並べておくようにすると、同時に使うフォルダが近くに配置されるので便利です。この場合、各ページ間を行き来するリンクを作るとさらに便利です。

よく行う仕事は、この「ハイパーリンク」を使って整理しておくと、どのフォルダも一クリック（ページ間を移動しても二クリック）で開けるようにできます。これで節約できる時間は一回数十秒から一分程度のことですが、積み重なると意外に大きいものです。また、仕事に取りかかるときの流れがスムーズになるので「この仕事をやろう」という気持ちの勢いが削がれないという効果もあるように感じます。

■図表２-４　関連するフォルダを素早く開く（ハイパーリンクの活用）

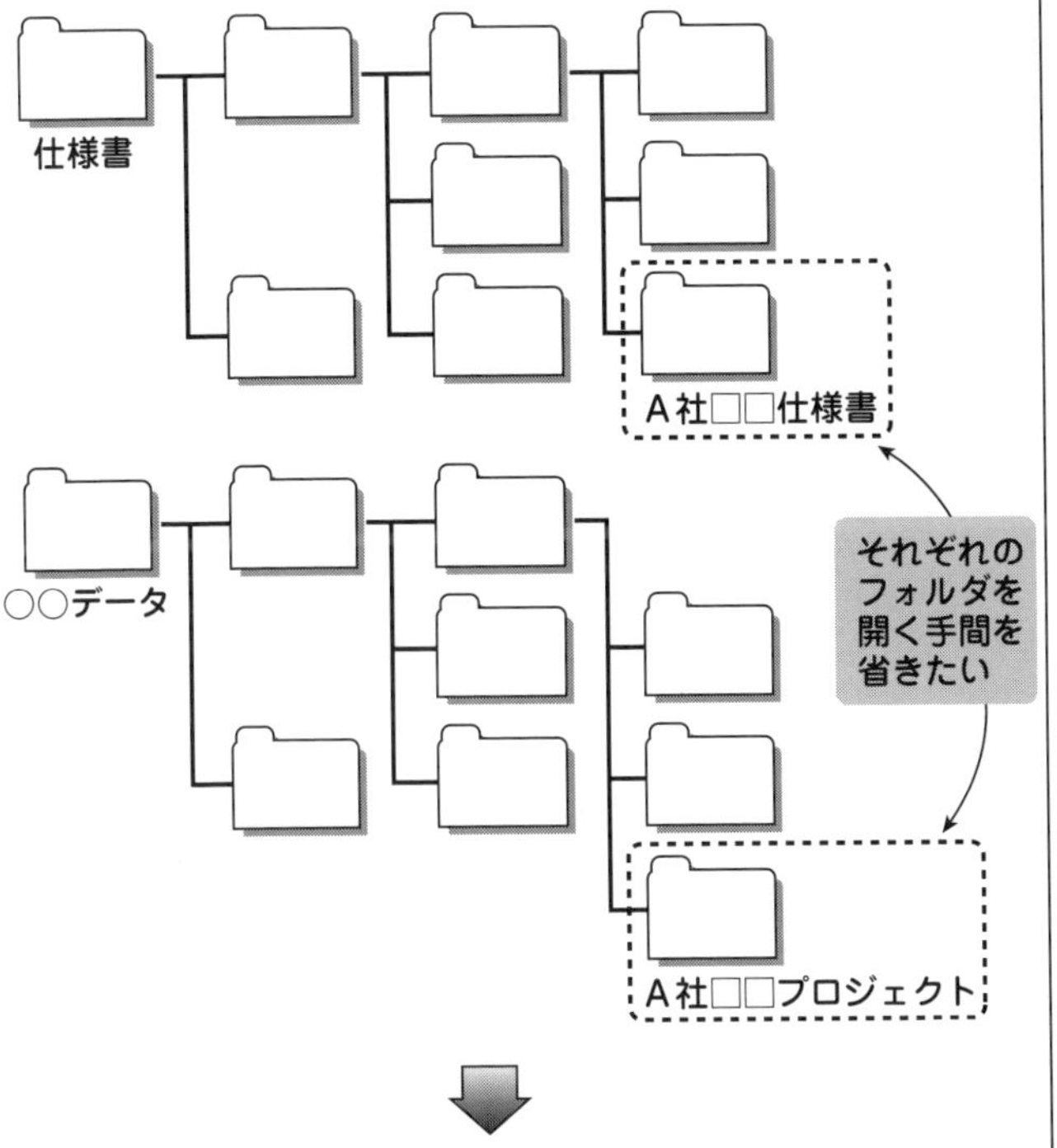

◆「ハイパーリンク」で整理する（Wordを用いる例）

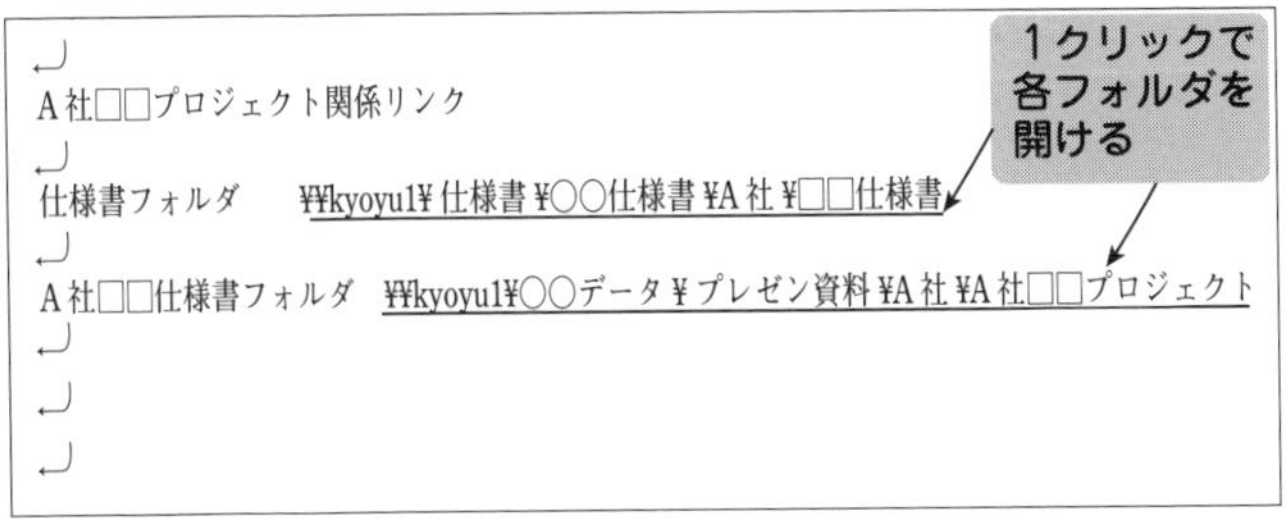

トヨタ生産方式の「八つのムダ」の一つに「運搬のムダ」があります。これは必要な製品や部品を運ぶ距離が長かったり、同じ製品を何度も運び直したりするムダを指します。「運搬」そのものは、製品を製造するための組み立てや加工といった作業とは違い、それ自体は付加価値を生みません。ですから、運搬作業の回数は少なく、運搬の距離は短いほど全体として効率は高まります。

ファイルやフォルダを開いたり、書類を探したりするのも、それ自体は付加価値を生みません。こうした作業は短ければ短いほど良いのは「運搬のムダ」と同じです。

6 「待たされるムダ」を減らす
――ムダを減らしてスピードアップ②

1 「待たされるムダ」

仕事が忙しいときに「待たされる」のは、時間ももったいないですし、気持ちとしてもイライラしがちです。こうした「待たされるムダ」はできるだけなくしたいものです。

たとえば「会議が時間通り始まらない」というのも「待たされるムダ」の一つ。会議室に入ってしまうと他の仕事ができるわけでもなく、会議が始まるまでただ待っているか、他の人としゃべるくらいしかできません。これでは時間がもったいないです。

ちなみに、この「会議が時間通り始まらない」という状況は、会社によって差が大きいものです。昔は「役職が上の人は遅れて来るのが当たり前」なんて会社も多かったものですが、最近ではさすがに少なく、むしろ役職が高い人の方が時間にシビアなことも多くなってきました。

逆にいえば「会議に十分、十五分遅れてくるのは当たり前」というのは、今となっては「時代遅れ」。職場でそういう傾向があるなら要注意です。

この「待たされるムダ」は誰でも嫌なもの。忙しいときには特にそうです。ですから「会議にはわざと遅れて行く」という人もいます。しかし、これはあまりおすすめできません。逆に自分が他の人を待たせてしまうことになりますし、そのせいで他の人がさらに遅く来るようになる悪循環になりかねません。「会議は待たされるのが嫌だから遅く行く」という心理が働き、ますます開始が遅くなる悪循環を生みやすいのです。

あるいは、待たされる時間がムダにならないよう、会議室に仕事を持ち込む方法もあります。待っている間に他の書類を読んだり、パソコンを持ち込んでメールをしたりするわけです。これはそれなりにムダを減らす効果がありますが、できれば、時間通り始まってくれる方がありがたいですね。

特に自分が会議の進行役を務める場合は、時間厳守でスタートするのがおすすめです。いつも時間厳守でスタートすれば「わざと遅れて行く」という人も減ってきますし、だんだん改善していきます。

そのためのテクニックが「とにかく始める」ことです。メンバーが全員揃っていなくても構わず始めます。こうすると遅れてきた人が最初の部分を聞けなくなりますが、それでもあまり支障がないことも多いものです。逆に待ってしまうのは先ほどの悪循環の原因になりがち。多少のマイナスは覚悟してでも時間通り始めるのがおすすめです。

これは会議の始め方がポイントになります。会議を始めるときには

「そろそろ始めましょうか？」

といって始める人が多いのですが、これはよくありません。こう言ったあとに「○○さんがまだ来ていない」と言われてしまうと、かえって始めにくくなるからです。ですから

「時間になりましたので始めます」

といってスタートしてしまいます。こうすると「○○さんがまだ・・・」と言われることは少なくなります。

こうした会議のムダは、自分一人だけでなく職場ぐるみで改善していくのがベストです。上司の協力を得るためには、こんな考え方もあります。たとえば、ある会議に二十人が出席し、その会議が十五分遅れたとします。その場合、ムダは「十五分」ではなく「十五分×二十人」。つまり、五時間もムダになっているというわけです。これに出席者の時給をかけるといくらになるでしょうか。コピー用紙や電気代の節約よりもずっと大きな改善効果があるのは明らかで

す（と上司に言ってみると、協力してくれるかもしれません）。

他にも「待たされるムダ」はあります。たとえば「他の人に頼んだ仕事ができてこないので自分の仕事が始められない」「依頼した見積りが出てこないので手続きを進められない」といったケースです。これは急ぐ仕事の場合、困るものです。こうしたムダは相手のせいでもありますが、自分の仕事の進め方でも改善できます。そのカギは「早く頼む」こと。人に頼むときは「まだ間に合うから大丈夫」だと思っても、さっさとすませます。先延ばししてしまうと頼み忘れる原因にもなりがち。「**決まればすぐ頼む**」くらいの方がうまくいきます。

「八つのムダ」の一つに「手待ちのムダ」があります。「手待ち」という言葉はなじみがないかもしれません（「手持ち」と間違えられることがあるので注意してください）。これは機械の動作が遅かったり、前工程が遅かったりして「自分の作業がスタートできずに待たされる時間」のムダのこと。つまり「待たされるムダ」そのものです。

周りの人に協力してもらったり、自分の仕事の進め方を改善するなど、こうした「待たされるムダ」を改善する方法はいろいろあります。時間がかかる場合もありますが、あきらめないことが肝心です。

7 「やりすぎのムダ」を減らす

①「完璧主義」の問題点

仕事の中には他にも「ムダ」があります。中でも、仕事をしているうちについつい増えてしまいがちなムダに「仕事をやりすぎてしまうムダ」があります。この「やりすぎてしまうムダ」は、別の言葉で言えば「完璧主義」です。

私たちが普段行っている仕事は、なかなか「完璧」と言えるところまで仕上げきることはできないものですが、それはある意味で当たり前のこと。「完璧」に仕上げようとすれば、いくら時間があっても足りないものです。仕事は適度なところで見極めて終わらせていかなければ、数多い仕事は片付いてくれません。

しかし、それはわかっていてもこの見極めは難しいもの。ついついやりすぎてしまうこともあります。「念のためにもう一度確認しておこう」「念のためにこのデータもつけておこう」と

「念のために」をくり返すうちに、仕事のボリュームは増えていきます。

②「必要最小限」を心がける

たとえば、社内会議用の資料を作成する場合、「念のために」と資料を増やしていくと作成する時間は増えます。それに比例して会議の内容が良くなるのであればいいのですが、実際にはそんなことはまずありません。特に社内会議の場合、本来、資料の見映えなどにこだわらなくてもいいはずです。

ところが、なぜか社内会議の資料は肥大化しがちなものです。「前回と比べて見劣りするかな」と思うと、つい付け足したくなる心理もありますし、「もう少し」「念のため」と思うと手を加えたくなることもあります。

これを防ぐためには、資料とは肥大化しがちなものであるということを前提にして、常に「**必要最小限ですませるにはどうすべきか？**」と考えるくらいでちょうどいいのです。たとえば「資料はＡ３（またはＡ４）一枚に収める」というように決めている会社もあります。これも効果的です。

３「先例主義」を見直す

また、社内資料が肥大化しがちな原因には「先例主義」もあります。「先例主義」というのは「以前の結果にならう」仕事のやり方をすることです。

先例主義的な仕事のやり方は、仕事を確実に、無難に進めるために良い面もあるのですが、先例を気にしてばかりいると、本来の目的を見失ってしまうこともあります。たとえば「この会議ではいつもこういう資料を作成しているから」という観点で資料を作成するのも悪くはないのですが、このやり方だと少しずつ資料が増えていきがちです。先例主義では「資料を減らす」という発想がなかなか出てこないからです。

ですから、ときには先例を忘れ**「この会議の目的は何か？」「そのために必要な資料は何か？」**という原点に戻って考えてみることも必要です。

「八つのムダ」の一つに「作りすぎのムダ」があります。これは製品（在庫）を余分に作りすぎることのムダを指します。

たとえば、生産現場で「生産性を高める」ためには、できるだけ設備を止めずに生産を続ける（稼働率を上げる）ことを重視しがちです。これが「作りすぎのムダ」を生みます。「生産を止めない」こと自体が目的になってしまうと、売れない在庫が積み上がり、経営を圧迫します。必要なときに生産できるように「生産性を高める」ことと、とにかく「たくさん生産する」ことは違うのです。「作りすぎのムダ」にはそういう意味があります。

「完璧主義」も「作りすぎ」という意味でこれと似ています。特に、時間的な余裕があると、つい資料を作り込みたくなる場合もあります。しかし、その作り込んだ資料を作るのが当たり前になると（先例主義）、忙しいときにまで資料作成に追われてしまいます。

「時間を大事にする」ことと「空いた時間に余分な仕事を詰め込む」のは違います。「作りすぎのムダ」を避けるためには「**もし忙しくても、この仕事をするだろうか？**」と考えてみるのも効果的です。

8 仕事中は「次は何をやろうか」迷わない
――一日の流れをスピードアップ①

① 「次に何をやろうか」迷う時間は意外に多い

一日の仕事をスピードアップするためには、これまで述べたように作業そのものをスピードアップすることや、ムダな作業を減らしていくことが役立ちます。そしてもう一つ、特に何も作業していない「ムダな時間」を減らしていくことも重要です。

「ムダな時間」を減らすというのは、休憩時間を削って仕事をするということではありません。仕事には適度な休憩も必要。無理のしすぎはかえって能率を下げることもあります。ここで減らしたいのはそれ以外の「ムダな時間」。仕事の中には意外に多いのです。

仕事の中にある「ムダな時間」で、おそらく最も大きいのが「次は何をやろうか」と迷ったり考えたりする時間です。よほど計画的に仕事を進めている人は別として、特に「迷っている」

という自覚がなくても、こういうムダは意外に多いのです。

たとえば、会社で始業直後に自分がどう仕事を進めているか思い出してみてください。デスクの上にある書類を見たり、メールを見たりしながら「この仕事やらなきゃ。こっちもやらないと……いや、これは明日でいいか」等々、どの仕事をやろうか考えると思います。私も経験がありますが、どれをやろうか考えているうちに五分十分、あるいはそれ以上過ぎてしまうこともあります。このムダを省くと仕事は進みやすくなります。

これは始業直後だけではありません。一つの仕事が終わったところで「次は何をやろうか」と考えるのも同じムダです。こういう時間は合計すると結構あるものです。実際、こうしたムダをなくしていくと、それだけで仕事は一時間は早く終わるというのが実感です（別に私が優柔不断な性格というわけではなく、同様に仕事が効率化した人は多いです）。

②迷う時間はなぜ多い？

では、なぜこんなに「迷う時間」が多いのでしょうか？　これは私たちの仕事の内容に関係があります。第1章で述べたように、パソコンなどの機器が便利になったおかげで、私たちの仕事は「細かい仕事を数多く」行うように変化してきました。つまり、「やらなければいけない仕事」をたくさん抱えていることが多いのです。

その仕事の中には「今日やった方がいい仕事」だけでなく「明日でも構わない仕事」や「来週でも構わない仕事」など、いろいろな仕事があります。それらを数え上げていけば数件どころではなく、十数件から二十数件、あるいはそれ以上という方がほとんどです。そこから「次にやるべき仕事」を選び出すのですから、迷ったり考えたりするのも当然といえば当然です。

③迷わずスイスイ仕事を進めるために

こうした「迷う時間」をなくすためには、どうすればいいのでしょうか？　最も重要なことは「**記憶に頼らない**」ことです。十数件以上ある仕事の中から「次にやるべき仕事」を選び出すのは、記憶頼りではうまくいきません。全部の仕事を思い出すだけでも大変です。ですから、どうしても「書き出す」作業が必要になってきます。

「やるべき仕事を書き出す」というのは、「タイムマネジメント」や「仕事の進め方」として古くからあります。そうやって書き出した方がうまくいくのは今も昔も変わりませんが、現在の仕事では「書き出す」方法に一工夫必要です。

この手法、昔は「毎朝、仕事を始める前に、やるべき仕事を書き出す」と良いと言われていました。しかし、考えてみれば、朝は仕事を思い出すのに向いた時間帯ではありません。むしろ、「一番仕事のことを忘れている時間帯」といってもいいくらいです。

それよりも、前日の仕事を終えたときに書き出しておく方が合理的ですし、さらに良いのは普通に仕事をしているなかで、思いついた仕事を一つずつ書き足していく方法です。思いついたときにすぐ書くようにすれば、忘れる心配もありませんし、後であらためて思い出す苦労もしなくてすみます。こうして書き出したものを見ながら仕事を進めていけば「次にやる仕事」を選ぶのはかなり簡単になってきますし、仕事の効率が高まります。

「八つのムダ」の一つに「加工そのもののムダ」があります。加工しなくても構わない部品を加工する、つまり「価値を付加しない作業」を行うムダを指します。ここであげた「次に何をやろうか」迷う時間も、仕事そのものが進むわけではありませんから、やはり「価値を付加しない作業」です。もちろん、仕事の進め方を考えることは必要ですから、それを「悩まずに」進められるようにすることが重要なのです。

9 かたまり時間と細切れ時間を使い分ける
――一日の流れをスピードアップ②

① 私たちは二種類の仕事をこなしている

「一日の仕事の流れ」をスピードアップするためには「時間の使い方」もポイントになります。「時間の使い方」を考えるために、まず私たちの仕事について考えてみましょう。

私たちが普段行う仕事は「時間」の観点で二種類に分けることができます。一つは時刻が指定された仕事。会議や打合せなどの「**アポイントメント**」です。この仕事は事前に時間を決めて約束しているので「いつ」「何を」やるかは決まっています。

もう一つの仕事は、**時刻は指定されていない仕事**。時間的に自由な仕事です。報告書や資料などを作成したり、事務処理を行ったりするなど、デスクワークの中でこのタイプの仕事はたくさんあります。こうした仕事のことを「**タスク**」と呼びます。このタスクはアポイントメントの間の空き時間に行うことになります。

先ほどの「次に何をやろうか」と迷ってしまうのも、このタスクです。時間が決まっていないからこそ、迷うこともありますし、進め方が悪くて失敗することもあります。そういう意味で、自由なだけに進め方が難しい仕事ともいえます。

②時間とタスクの組み合わせが重要

この「タスク」にもいろいろあります。「電話一本かける」のもタスクですし「新しい企画のためにアイデアを練る」のもタスクです。短時間ですむものもあれば、少し長めの時間がほしい場合もあるわけです。

そのタスクを実行するのは、アポイントメントの間の空き時間。これも長短いろいろあります。会議と会議の間に十五分だけ空き時間ができることもあります。これは短い「細切れ」の時間です。一方、二〜三時間と長い時間が取れる場合もあります。これは長い「かたまり」の時間です。

このタスクと空き時間の組み合わせは重要です。たとえば、じっくり集中して作業したい仕事があるのに「細切れ時間」しかないと、作業が中断されてばかりで仕事はなかなか進みません。逆に「かたまり時間」がある場合は、そこで短時間のタスクをたくさん行うこともできますし、じっくり型の長時間のタスクも行えます。

つまり「かたまり時間」を分割して「細切れ」に使うことはできますが、逆に「細切れ」時間をまとめて「かたまり」にするのは難しいということです。そして、私たちの仕事の中では「細切れ時間」が多くなりやすく「かたまり時間」はなかなか確保しにくいもの。**「かたまり時間」の方が貴重**なのです。

ですから、その貴重な「かたまり時間」に短時間のタスクばかり行うのではなく、長時間のタスクを優先して行うようにするのが、おすすめの時間の使い方です。

③空き時間を「見える化する」

時間とタスクの組み合わせがうまくいくと、仕事は進みやすくなります。しかし、これをあまり意識せずに仕事をしている人は多いものです。そうなってしまう原因の一つは、その日の空き時間がうまくつかめていないせいです。

たとえば、手帳にアポイントメントを書く場合、図表2－5のうちのどちらの書き方が良いでしょうか？

■図表2-5　アポイントメントの書き方はどちらが便利？

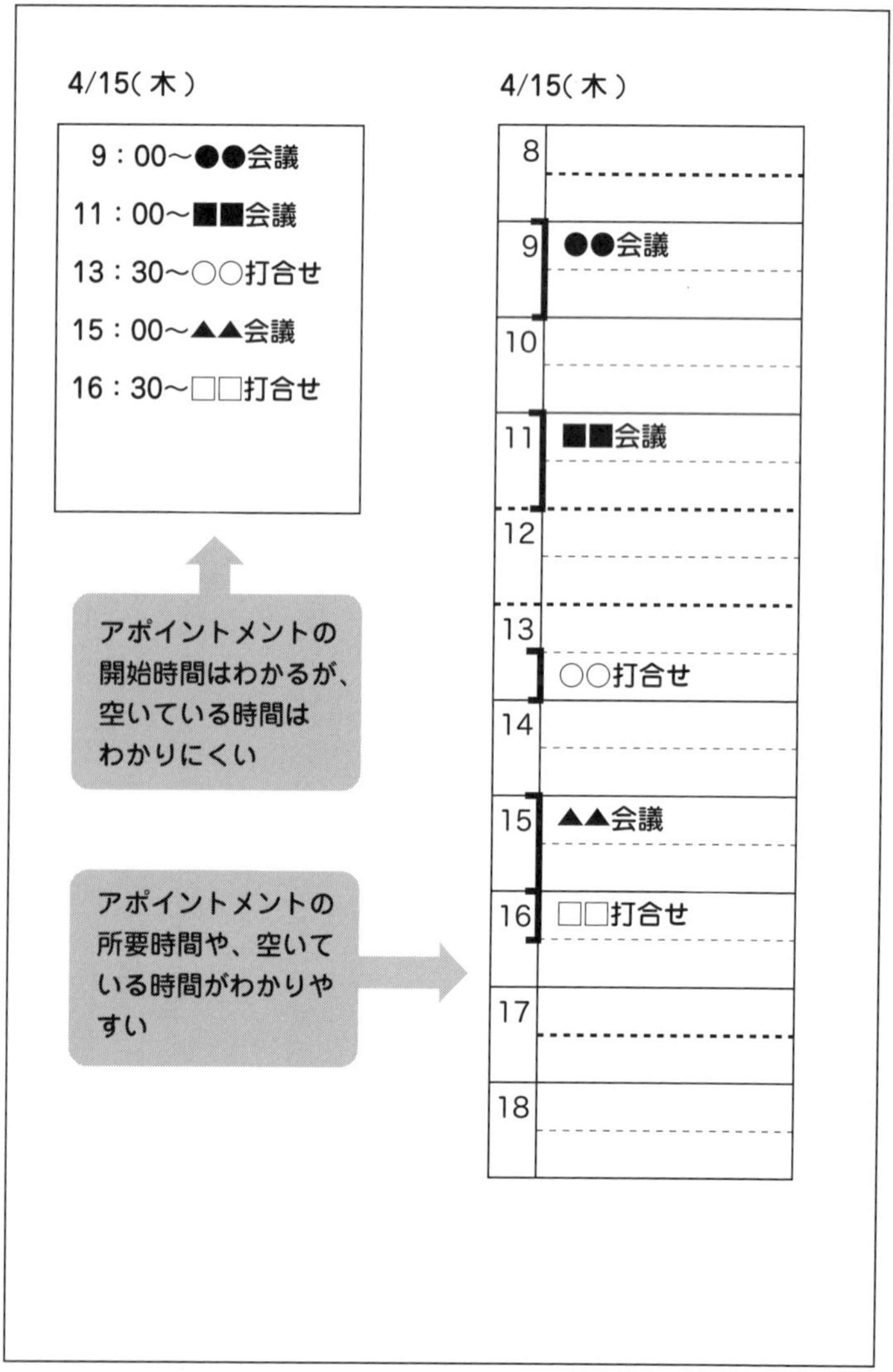

一般的に、図表2－5の左のようにアポイントメントを書く人が多いです。こういう書き方もそれぞれのアポイントメントを「忘れない」ためには充分役に立つのですが、アポイントメントの間の「空き時間」はわかりにくくなりがちです。

逆に、図表2－5の右のようにアポイントメントを書くと、一日の中でどのくらいアポイントメントがあるか（どのくらい空き時間があるか）がわかります。**アポイントメントの「見える化」**です。この「見える化」はタスクを計画的に進めるためにも重要です。そもそも、アポイントメントが多い日はタスクはあまりできませんし、アポイントメントが少なければタスクは多くこなせます。アポイントメントの時間がつかめなければ、タスクを実行する見込みもうまく立たないわけです。

また、こうしてアポイントメントを「見える化」すると、いつ、どのくらいの長さの空き時間があるかもわかりやすくなります。それぞれの**空き時間の長さが「見える化」される**わけです。これがタスクをうまく進めるために有効です。

④細切れ時間をムダにしない・かたまり時間を確保する

まず、短時間のタスクは「細切れ時間」でもできますから、そこで済ませていきます。こうすると「かたまり時間」を長時間のタスクのために使えます。つまり、細切れ時間を利用して、細かい仕事をテキパキこなしていくと、大事な仕事にじっくり時間が取れるというわけです。

しかし、細切れ時間はもともと短い時間。もたもたしていると、すぐに過ぎてしまいます。先に述べたように、あらかじめタスクを書き出してあると、すぐに判断できて、すぐに行動できます。短時間のタスクを甘く見ずに、しっかり管理することが「かたまり時間」の確保につながるというわけです。

「とりあえず、思いついたタスクから始める」という仕事の進め方をしていると、せっかくの「かたまり時間」を有効に使えません。空き時間を見える化することと、タスクを書き出すこと。その組み合わせがより時間を活用することにつながるのです。

column 2

キーボードにはこだわるべきか？

本章で述べたように、タイピングのスピードアップは、パソコン作業全般が効率化し、しかも疲れにくくなると良いことずくめです。ただ、このキーボードで気をつけなければいけないのがキーの配置。職場と自宅でキーの配置が異なると使いにくいのです。

私が以前経験したのは、職場のデスクトップパソコンと自宅のノートパソコンでCTRLキーの位置が違うケースでした（一番左にあるか、左から二番目にあるかの違いです）。CTRLキーはショートカットキーとしても使用頻度の高いキー。この配置が違うと、操作に戸惑うことも出てきます。結局、そのときは自宅用と同じ配置のキーボードを自腹で購入し、会社のデスクトップパソコンで使用しました。わざわざ自腹を切るくらい、キーの配置が違うのは操作しにくくて嫌なものです。

パソコンのキーボードは、もちろんキーのタッチなども重要ですが、それ以上に職場と自宅で配置が同じであることが重要。どちらかを買い換える際には、キーの配置を確認し、できれば同じ配置のものを選択するのがおすすめです。

第3章

仕事の「段取り」を良くする

1 もう一つのスピード

――段取りでスピードアップ①

〈1〉もう一つのスピード＝リードタイムを短縮すること

2章では「一日の仕事をスピードアップ」することを紹介しましたので、この章では、それよりも長い目で見た「スピード」を高める方法を紹介していきます。

1章で紹介した「Aさん」のように「作業のスピード」を高めるだけでは、本当の意味でスピードのある仕事はできません。期限ギリギリになり、追い込まれてから「猛スピード」で仕事をこなすのでは「何とか間に合う」ので精一杯。これでは「早い仕事」とは言えません。

「早い仕事」とは、その仕事を頼まれてから（あるいは自分で「やる」と決めてから）仕事が完了するまでの「期間が短い」仕事のことです。この「頼まれてから完了するまで」の期間のことを「リードタイム（leadtime）」と呼びます。

「作業のスピード」とこの「リードタイム」は必ずしも一致しません。いくら作業が早くても、仕事を先延ばししてしまうクセがあったり、仕事の進め方が悪く、仕事がスムーズに進まないようだと、リードタイムは長くなってしまいます。

一般に「仕事が早い」というのはこのリードタイムが短いことを指します。つまり、仕事全体についての「スピード」は、リードタイムのことを指すのです。

もちろん、リードタイムを短くするためには、2章の「一日の仕事のスピード」も重要です。しかし、それだけではなく「仕事の進め方をうまく組み立てること」や「仕事を先延ばしせずに進めること」も重要になります。もう少し長い目で「仕事の進め方」を考え、改善することが、そのために必要になってきます。

②リードタイムを短くするための三つの原則

このリードタイムについては原則が三つあります。

一つは「リードタイムは仕事のとりかかりで決まる」という原則です。仕事を先延ばししていては、後でどんなに挽回しても早い仕事はできません。仕事を早くスタートすることが、リードタイム短縮の条件になります。

そのためには「今日一日の仕事」だけでなく、先の仕事まで見通して、仕事の進め方を計画していくことが必要になってきます。「仕事の進め方を計画するのは苦手」という人も多いのですが、これもやり方次第。実際に行うことはそれほど複雑ではありません。

二つめは「仕事を抱え込みすぎるとリードタイムが長くなる」という原則です。忙しいときには、仕事がたまりがちなもの。しかし、抱え込んでいる仕事が多いと、新しい仕事を引き受けても、すぐに取りかかれません。つまり、仕事をたくさん抱え込みすぎていると慢性的にリードタイムが長くなってしまうのです。

現在のようにスピードの早いビジネス環境では、早いタイミングで成果を上げていくことが求められます。まったく同じ仕事をしたとしても、そのタイミングが遅ければ他社に出遅れますし、成果は上がりません。リードタイムが長くなるような仕事のやり方をしていると同じ労力をかけても成果が少なくなってしまい、とても不利なのです。

リードタイムを短くするためには、仕事を抱え込みすぎないこと、つまり自分の仕事を減らしていくことも必要になります。仕事の取捨選択、つまり「やるべき仕事」と「やらない仕事」の見極めが必要になってきます。

三つめは「仕事が行き詰まるとリードタイムは長くなる」という原則です。当たり前のことですが、仕事がスムーズに進むかどうかでリードタイムは大きく変わります。たとえば、仕事をうまく進めてきても、最後の最後で上司と意見が合わなければ、そこで仕事がやり直しになってしまう場合もあります。他には、他の人に頼んだはずの仕事が遅れ、そのせいで自分の仕事まで遅れる場合もあります。

こうした状況は「他の人のせい」で「自分のせいじゃない」と思いがちなものですが、結果として自分の仕事が遅れてしまうことに変わりありません。自分の仕事の進め方を工夫して避けられるならば、それに越したことはありません。

他にも「仕事の進め方がわからない」「なかなか良いアイデアが出ない」など、仕事が行き詰まってしまうことがあります。こうした「行き詰まり」が起こらないように仕事の進め方を事前に考えておくことも「早い仕事」のためには重要なことです。

2 仕事の流れを作る
——段取りでスピードアップ②

①リードタイムは仕事のとりかかりで決まる

「リードタイムは仕事のとりかかりで決まる」というのは間違いのない原則。子供の頃、夏休みの終盤にあわてて宿題をやった経験のある人は分かるはずです。「もっと早く始めておけばよかった」と思うのがまさにそう。仕事をスタートさせるのが遅ければ、終わるのも遅くなるのは当たり前です。とはいえ、忙しい中では「何でも早くスタートする」というわけにもいきません。「いつスタートするか」という判断は意外に難しいのです。

また「いつスタートするか」は「決める」だけでは不充分。実行が伴わなければ意味がありません。しかし、これも意外にできていないもの。いつスタートするか決めたつもりでも、他の仕事をしているうちに、ついつい出遅れてしまうことも起こりがちです。

こうした状況を改善するためには、二つのポイントがあります。一つは仕事をどう進めていくかという「仕事の流れを作る」こと。もう一つは、それを他の仕事も含めた「仕事全体で考える」ことです。

たとえば、ある仕事を計画的に進めるためには「〇日までにやろう」と期限だけを考えるのでは不充分。結局、期限ギリギリになってあわてることになりがちです。そうならないためには仕事の進め方、いわゆる「仕事の段取り」を考えておくのが有効です。

「仕事の段取り」とは、仕事の手順を考え、個々の作業に分割していくことを指します。「段取り」なんて古くさい言葉だと感じるかもしれませんが、仕事の手順を考えることの重要性は今も昔も同じ。たとえば、現在、大規模な仕事の計画を立てるために用いられる「プロジェクトマネジメント」の手法も、その基本はいわゆる「段取り」と同じなのです。

②仕事を「段取り」して流れを作る

実際に仕事を段取りしていくためには、二つの作業が必要です。まず、その仕事を完了させるために必要な作業を書き出す作業。そして、それぞれをいつ実行するか決めていく作業です。これはコツさえ覚えれば、それほど難しくありません。

■図表３-１　仕事を段取りして流れを作る

4/12（月）	4/13（火）	4/14（水）	4/15（木）
□昨年度○○データ入手 □報告書ひな型入手	□○○実績値グラフ化 □本文作成	□報告書承認もらう □報告書修正	□報告書提出
□●●さんにTEL □▲▲資料作成 □出張費精算 □出張報告	□×× 資料作成 □■■会議資料		□◇◇資料作成 □週報作成

報告書作成の仕事をタスクに分割する

それ以外のタスクも実行日を決めて書き込む

たとえば、報告書を作成する仕事の場合「必要なデータを揃える」「データをグラフ化する」「本文の内容・結論を決める」「本文を書く」「報告書を仕上げる」等のタスクが必要になるでしょうし、初めて作るタイプの報告書なら「報告書のひな型（フォーマット）を入手する」ことや「データのある場所を先輩に聞く」タスクも必要かもしれません。

　こうしてタスクを書き出してみると、漠然としていた「報告書作成」という仕事の中身が具体化されてきます。また、漠然と考えていたときに比べて「意外に時間がかかりそうだな」あるいは「思ったより早く終わるかも」といった判断がつきやすくなります。つまり、その仕事の所要時間が読みやすくなるのです。

　それぞれのタスクが具体化されたら、今度はそれを「いつ」実行するか決めていきます。基本は作業しやすいように考えていけばいいのですが、たとえば、人に聞かないとできない仕事は早めに済ませておく方が確実です。いざ聞こうとしたら相手が不在だったり、実はその相手が知らなかったりすると、仕事がうまく進みません。

それぞれのタスクを「いつ」やるか決めていくと、仕事の流れができてきます。全体の流れが見えてくると一日分ずつ確実に進められますし、気持ちがあせることや、仕事を先延ばししてしまうことも減ってきます。

ただし、1章でも述べたように私たちは毎日、数多くの仕事をこなしています。一つの仕事だけ「段取り」を考えても、他の仕事と重なると実行しきれなくなる場合もあります。ですから、段取りは一つの仕事だけを考えるのではなく、他の仕事も含めた「全体の」段取りを考える必要があります。

また、当たり前のことですが、これらのタスクを実行するためには時間が必要です。ですから、その日、どのくらいの空き時間があるか知っておく必要があります。2章で述べた「アポイントメント」と合わせて見るようにすれば、それぞれの日にどのくらいのタスクがこなせそうか判断しやすくなります。

2章でも紹介しましたが「八つのムダ」の一つに「動作のムダ」があります。たとえば、報

■図表3-2　タスクとアポイントメントを合わせて管理する

4/12(月)	4/13(火)	4/14(水)	4/15(木)
□昨年度○○データ入手 □報告書ひな型入手 □●●さんにTEL □▲▲資料作成 □出張費精算 □出張報告	□○○実績値グラフ化 □本文作成 □××資料作成 □■■会議資料	□報告書承認もらう □報告書修正	□報告書提出 □◇◇資料作成 □週報作成
8	8	8	8
9 10　▲▲資料	9 10　9:55　○○会議	9　課内ミーティング 10　(◇◇の件)	9 10　9:55　■■会議
11	11	11	11
12	12	12	12
13	13	13　13:15　移動	13
14	14	14　14:00　□□社	14
15	15	15　△△打合せ　移動	15　15:00　××打合せ
16	16	16	16
17	17	17	17
18	18	18	18

告書を作る仕事では、事前に確認したり、調べておくのを忘れたせいで後で作業に支障をきたすこともあります。これも「動作のムダ」です。

その仕事を始める前に「段取り」しておくことで、こうしたムダは防げます。成り行き任せに仕事を進めるのではなく、事前に段取りしておくのは、仕事を計画的に進めたり、効率を高めるためにとても役に立つのです。

3 仕事を前倒しで進める
——段取りでスピードアップ③

①タスクの実行日を決める

前項で紹介したように、時間がかかる仕事を段取りして、いつ実行するか決めていくと、仕事を進めていく流れができてきます。さらに、短時間で終わるタスクも、それぞれどの日にやるか書き込んでいくと仕事全体の流れができてきます。

このように「**タスクの実行日を決める**」ことは、仕事を計画的に進める上でとても重要なことです。タスクはただ「書き出す」だけでなく、いつ実行するか決めてしまった方が仕事を進めやすくなるのです。

たとえば、タスクをただ書き出しただけ（リスト化しただけ）の場合、それぞれのタスクを「いつやるか」というところまでは、なかなか決めきれません。こうなると、どの仕事がいつ完了するかの目途が立たないため「うまく仕事が終わるだろうか」と不安に感じてしまうこともあります。また、実行する当日の仕事もスムーズに進みません。2章でも述べたように、たくさんあるタスクの中から「今日はどれをやるべきか」迷ってしまうムダが起こりがちなのです。タスクの実行日を決めておけば「今日の仕事はこれだけ」とはっきり分かりますから、迷わず、すぐに仕事に取り組めます。

②実行日は前倒しで

では、そのタスクの実行日はどう決めたらいいでしょうか？　タスクの実行日を決めるためには、次の二つのポイントが重要です。

一つは、新しいタスクの実行日を決めるときには「**他の仕事が少ない日に入れる**」ということです。もともと仕事が多い日にさらにタスクを追加してしまうと、その日の仕事量が多く、他の日の仕事が少ない、バランスの悪い状態になってしまいます。

仕事をしているなかでは、タスクは次々と追加されていきますし、当日になって急に仕事を頼まれることもあります。仕事量が極端に多い日を作ってしまうと、後でさらに仕事が増えた場合に困ります。新しいタスクを他の仕事が少ない日に入れるようにすると自然にバランスが良くなり、後で仕事が追加された場合も対応しやすくなります。

もう一つのポイントは、期限にギリギリ間に合う日ではなく、余裕を持ってできるように**実行日を少し早めにしておくことです**。実行日は「前倒し」で設定するわけです。なぜなら、仕事にはどうしても「予定外の出来事」がつきものだからです。

私たちの仕事は、当日になってから急に仕事を頼まれたりすることも多いものです。突発的なトラブルなどが発生して、対応に時間がかかることもあります。ですから、いくら事前にタスクの実行日を決めておいても、すべてがその予定通りに行えるとは限りません。

タスクの実行日を前倒しで設定していれば、もし急な仕事が起こった場合にも、いろいろな対応ができます。その日に残業してタスクを終わらせることもできますし、その日に残業したくなければ、タスクを翌日に持ち越すこともできます。自分の都合に合わせて、臨機応変に対応できるわけです。

逆に、タスクの実行日がいつも期限ギリギリだと、急な仕事が起こった場合にタスクの実行日を変更する余裕はなく、長時間残業して対応するしかありません。こういうことが続くと「いつも仕事に振り回されてばかり」というストレスの原因になってしまいます。

つまり、タスクの実行日を前倒しにしていれば、トラブルなく進んだ場合は余裕を持って終わらせられますし、最悪の場合も無理せず期限に間に合わせることができるのです。

③翌日のタスクを先取りする

逆に、予定外の仕事が飛び込むことなくスムーズに仕事が進むと、その日に予定していたタスクが終わっても、まだ時間が残っている場合もあるはずです。この場合は、翌日に予定していたタスクを先取りしてやってしまいます。これも「前倒し」です。

先に述べたように、急な仕事が入った場合には、タスクの実行を遅らせなければならないこともあります。タスクの実行が遅れる場合もある分、余裕がある日には先取りして進めておくようにするわけです。

■図表３-３　タスクの実行日の決め方

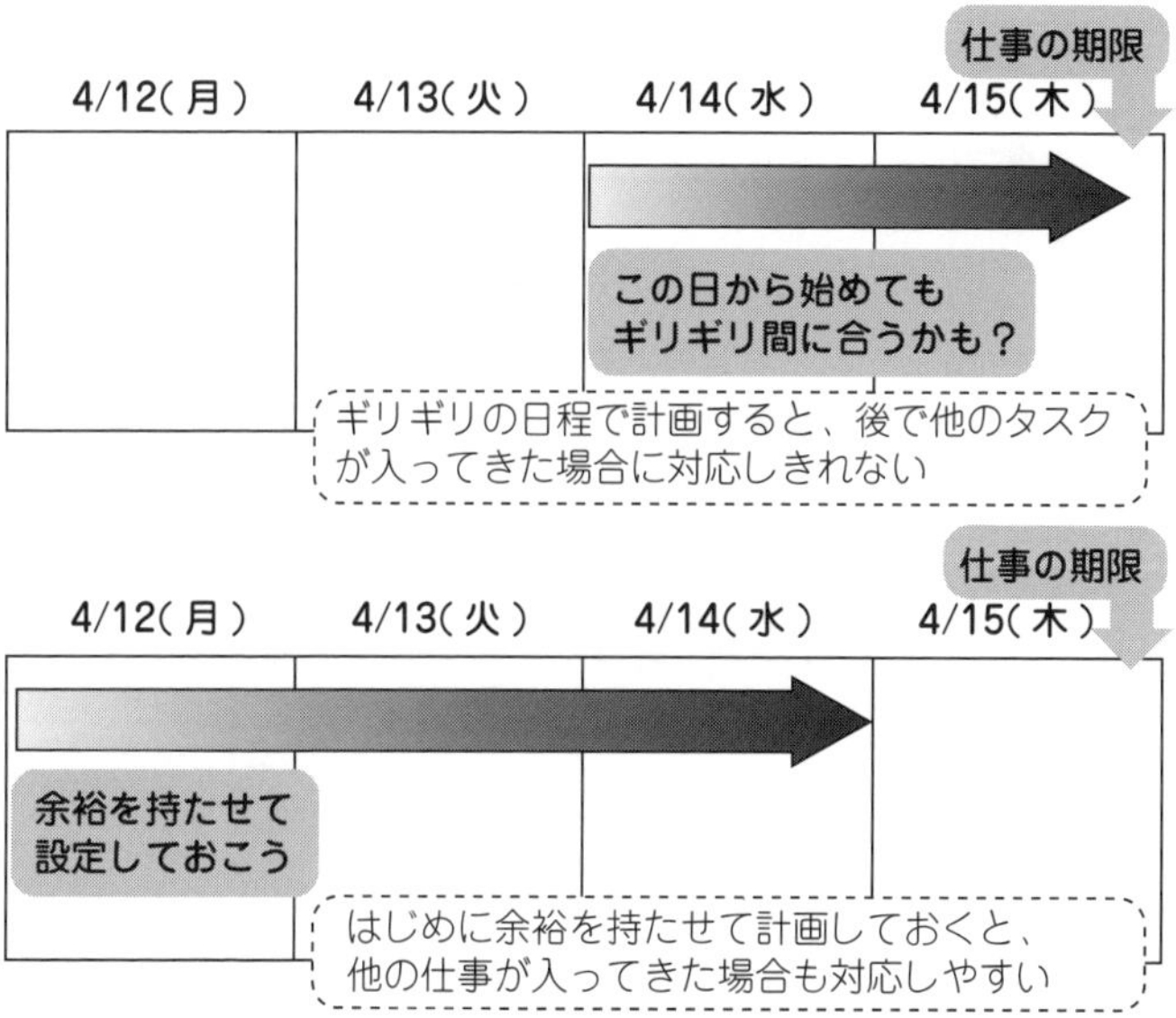
仕事の期限
4/12(月)
4/13(火)
4/14(水)
4/15(木)
この日から始めても
ギリギリ間に合うかも？
ギリギリの日程で計画すると、後で他のタスク
が入ってきた場合に対応しきれない
仕事の期限
4/12(月)
4/13(火)
4/14(水)
4/15(木)
余裕を持たせて
設定しておこう
はじめに余裕を持たせて計画しておくと、
他の仕事が入ってきた場合も対応しやすい

■図表 3 - 3(2)　予定外の仕事に対応する

4/12（月）	4/13（火）	4/14（水）	4/15（木）
☑昨年度○○データ入手 ☑報告書ひな型入手	□○○実績値グラフ化 □本文作成	□報告書承認もらう □報告書修正	□報告書提出
☑●●さんにTEL ☑▲▲資料作成 □出張費精算 □出張報告	□×× 資料作成 □■■会議資料		□◇◇資料作成 □週報作成

予定外の仕事が入り、時間を取られてしまったら、
予定したタスクを翌日に回す場合もある
（タスクの期限を考えて決めること）

4/12（月）	4/13（火）	4/14（水）	4/15（木）
☑昨年度○○データ入手 ☑報告書ひな型入手	☑○○実績値グラフ化 ☑本文作成	☑報告書承認もらう ☑報告書修正	□報告書提出
☑●●さんにTEL ☑▲▲資料作成 ☑出張費精算 ☑出張報告	☑×× 資料作成 ☑■■会議資料		□◇◇資料作成 □週報作成

逆に、予定外の仕事がなく、時間に余裕があれば、
翌日のタスクを先取りして終わらせてしまう

予定外の仕事はどうしても発生することがあるもの。予定外の仕事が多いか少ないかに応じて、タスクの実行を調整すると柔軟に対応しやすい。

仕事をしていると、どうしても予定外のことは起こるもの。このように事前の計画を調整しながら進めていくことは、仕事をスムーズに、ストレスなく進めていくためにとても重要です。

4 仕事の先延ばしを防ぐ
――段取りでスピードアップ④

①なぜ先延ばししてしまう？

1章で述べたAさんのように「期限ギリギリにならないと仕事に手がつかない」という人は案外多いものです。このように「なかなか仕事を実行できない」「やろうと思ったけど、やっぱり先延ばししてしまう」という心理は、多かれ少なかれ誰にでもあるものです。これは「先延ばしグセ」とも呼ばれます。しかし、先延ばししてしまうと、後で困るのはわかりきっていること。なぜ私たちは先延ばししてしまうのでしょうか？

この「先延ばしグセ」の原因はさまざまです。「あまりやりたくない仕事」だから、手をつけにくいと感じる場合もあります。あるいはその仕事を「完璧にやろう」と気負いすぎることが逆に先延ばしにつながる場合もあります。「やりたくない仕事」だけでなく「積極的にやりたい仕事」でさえ先延ばししてしまうわけです。

また「期限までに間に合えばいい」という発想も「先延ばしグセ」の原因になりがちです。仕事の最終期限に間に合うことだけを考えていると「まだ間に合う」「明日から集中すれば間に合う」と考えてしまいがちです。しかし、この「まだ間に合う」というのはクセモノです。「まだ間に合う」「最悪、明日から始めても間に合う」と考えているときには、つい他の仕事のことを忘れて考えているものです。実際には他にもやらなければいけない仕事がありますから「まだ間に合う」と考えているときには、もう手遅れの場合もあります。こうなると、結局遅くまで残業しなければ間に合わないということになりがちです。

②先延ばしグセの対処法

このように先延ばしの原因はさまざまですが、その対処法は比較的シンプルです。もっとも効果的な対処法は「**仕事を分割すること**」です。

たとえば「報告書を仕上げる」という仕事はいろいろな作業が必要な「大きな仕事」です。大きい仕事だからこそ「まだやりたくない」と感じたり「どうやってやろうか」とあれこれ考えこんでしまったりします。また大きい仕事だからこそ、所要時間を読みにくく、つい甘く考えてしまいがちです。

この仕事を分割して「まずはグラフだけ作る」ことを考えれば、気の重さや気負いが小さくなり、取りかかりやすくなります。また、そういった個別の作業ひとつずつについて実行日を決めていくと、意外に時間がかかることに気づきます。

また、実行する日程を決めてしまうのも有効です。全部を一度にやるのではなく「今日はここまでやればいい」ということが分かっていると、仕事に手をつけやすくなります。全部やろうとすると気が重くても、分割して「今日はここまで」と考えると、気が軽くなるものです。

つまり、これまで述べてきたように、仕事を「段取り」し、各タスクの実行日を決めていくことが「先延ばしグセ」の対策になるのです。よく「私は先延ばしグセがあるので仕事の計画を立ててもムダです……」と言う人がいるのですが、それは逆。先延ばしグセがある人にも「計画を実行する」ことはできますし、むしろ、計画を立てることの効果はより高いと言えます。

この「先延ばしグセ」は「八つのムダ」の一つ「何もしないムダ」と共通するところがあります。「何もしないムダ」というのは、生産性を高めるチャンスがあるのに、それを活かさないムダのこと。仕事を先延ばししてしまうのもこれと似ています。

難しい仕事、大きな仕事だからこそ、今日のうちに少しだけでも進めておいた方がいい。その方が後で助かることは分かっているのに、仕事に手をつけられないというのは、まさに「何もしないムダ」です。仕事をうまく進めるチャンスを活かしていないわけです。

仕事を段取りしたり、仕事の流れを組み立てたりすることは、このチャンスを自覚することにつながります。「先延ばし」がムダだということ、自分にとって損だということを自覚できれば、先延ばしは少なくなってきます。

5 仕事の抱え込みを減らす
――段取りで仕事を見極める①

①「仕事の抱え込み」は仕事を遅くする

この章のはじめに述べたように、仕事を抱え込みすぎてしまうと、仕事のリードタイムは全般的に長くなってしまいます。特に仕事が忙しい人は要注意。「忙しい、忙しい」と思っているうちに、たくさんの仕事を抱え込んでしまっている場合があります。

たくさんの仕事を抱え込んでしまうというのは、自分のところで仕事が「順番待ち」の行列を作っているようなもの。新しい仕事が入ってきても、古い仕事が終わるまでは手をつけられません。結局、慢性的に「仕事が遅く」なってしまいます。仕事の抱え込みは仕事の「リードタイム」を長くする原因、仕事を遅くする原因の筆頭といってもいいくらいです。

②「仕事の抱え込み」を減らす

では、このような「仕事の抱え込み」を減らすためにはどうすればいいでしょうか？　よく言われるのは「仕事の優先順位を考える」というアドバイスです。しかし、優先順位を考えても、仕事そのものが減るわけではありません。優先順位の低い仕事が残り、いつまでたっても片付きません。いつまでも片付かない仕事が残ると、それを負担に感じることも多くなりますし、仕事上のストレスの原因にもなってしまいます。

こうした状況を改善するためには、単に優先順位を考えるだけでなく「仕事を減らす」ことも必要です。つまり「やる仕事」と「やらない仕事」を見極めていくことが必要です。仕事熱心な人ほど「仕事を減らす」ことに抵抗を感じたり、罪悪感を感じたりするものですが、「仕事を減らす」こと以上に「仕事が遅くなる」ことの方が問題です。

ビジネスがスピードアップしている現在では、同じ労力をかけてもタイミングが遅れれば成果が得られないこともあります。自分がかける労力や時間を活かすためには、あえて仕事を減らすことも必要なのです。

また「仕事を減らす」といっても、抱えている仕事をすべてやめるというわけではありません。そもそも、仕事がたまり、仕事を抱え込んでしまう状況は、一日や二日で起こるわけではありません。仕事は少しずつ、何日もかけてたまっていくものです。自分が終わらせる仕事よりも引き受ける仕事の方がわずかに多ければ、それだけで仕事はたまっていくものなのです。逆に、引き受ける仕事の方を、ほんの少し減らすだけで、仕事の抱え込みが減っていく場合もあるのです。

③仕事量をつかむ視点を持つ

とはいえ、仕事を減らすことは簡単ではありません。抱え込んでいる（あるいは抱え込みそうな）仕事の中には、最初からやらなくていいと思える仕事なんておそらくないはずです。こうした仕事は簡単に「やらない」と判断することはできないものです。

この「やらない」という決断を下すためには、そもそも、それらの仕事を「やれる」のか「やれない」のか、見極めをつけることが必要です。「このままじゃやれない」という状況がはっきり自覚できてこそ「やらない」という決断ができます。そのためには、自分の仕事量をつかむことがとても重要です。

「仕事量をつかむ」ためには、自分の仕事を「書き出す」ことが必要になります。数多くの仕事をかかえている状況では、記憶を頼りに仕事量をつかむことは不可能。書き出すことが必須です。先に述べた「仕事の段取り」は仕事量をつかむためにも有効なのです。

そして「仕事の段取り」と同様、ただ仕事を書き出しただけではダメです。たとえば、自分が抱える仕事を一律に書き出したリスト（「ツー・ドゥ（ToDo）リスト」と呼ばれます）では、仕事の抱え込みはなかなか解消しません。書かれた仕事を「やれる」時間があるかどうかの判断がつけにくいからです。つまり、単に仕事を書き出すだけでなく、もう一歩踏み込んで「仕事量と時間のバランス」を考える必要があるのです。

「仕事の段取り」で紹介したように、仕事を日付別に振り分けていくと、この「仕事量と時間のバランス」がつかみやすくなります。その日の「一日」という時間の中で、その仕事をやれるかどうかを判断することが必要です。別の言い方をすれば、その日の「時間」という「入れもの」の中に、その日のタスクが収まるか（時間内にタスクが終わるか）を判断していくことになります。

■図表3-4　タスクとアポイントメントを合わせた仕事量を判断する

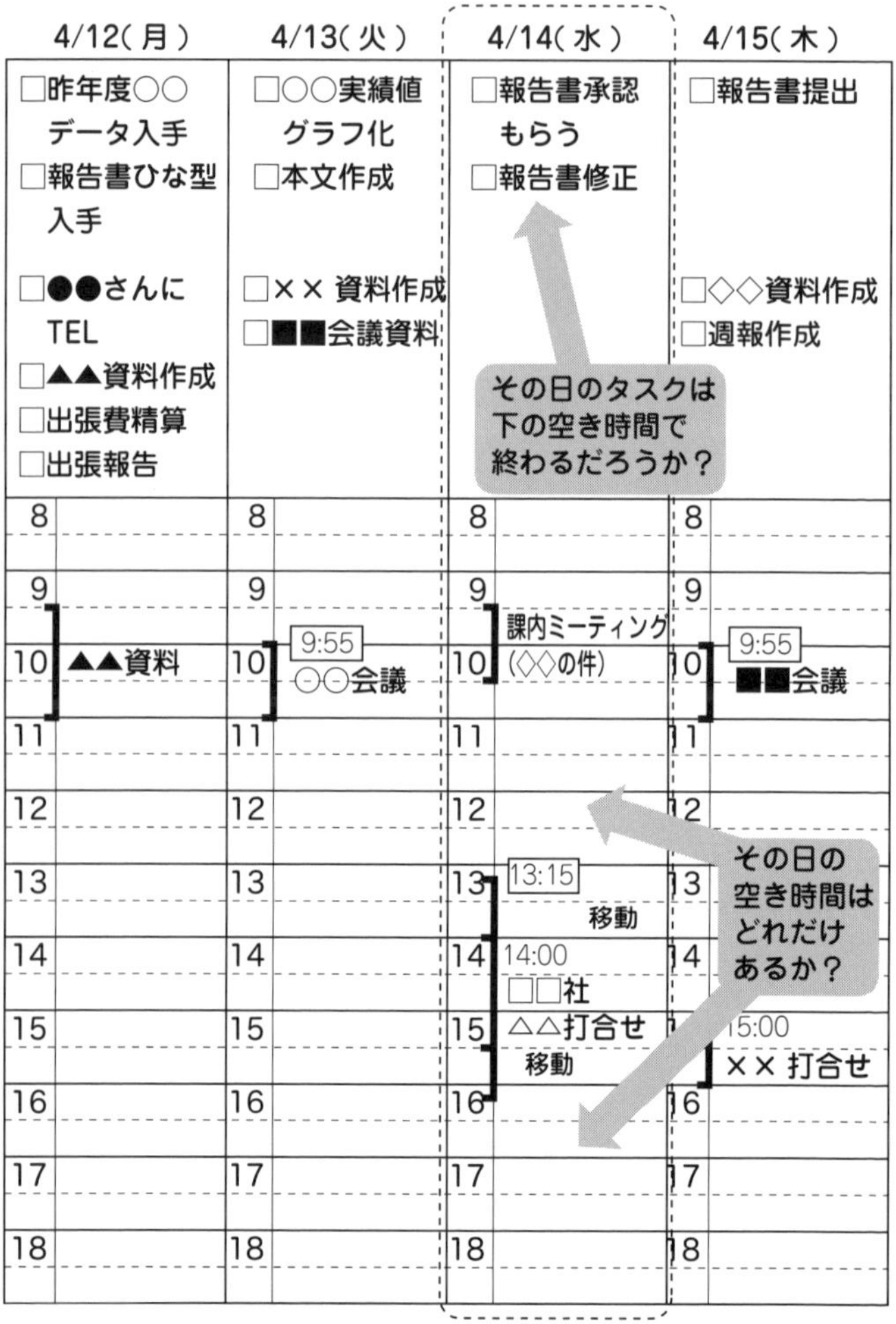

それぞれの日の「空き時間」と「タスクにかかる時間」を比較すれば、仕事量が読みやすくなる

ただし、一日の時間はタスクだけのためにあるわけではありません。もう一つの仕事、「アポイントメント」を行うためにも時間が必要になります。アポイントメントが多い日にはタスクはあまりできませんし、アポイントメントが少なければタスクを多くこなせます。図表３－４のように、タスクとアポイントメントを上下に並べて書いておくと、この関係がつかみやすくなります。

その日の空き時間（アポイントメントが入っていない時間）がどのくらいあるか？　そして、その空き時間でその日のタスクをこなせるか？　こう判断していけば、予定した仕事が時間内に終わるかどうか判断しやすくなります。

仕事を抱え込みすぎてしまうとリードタイムは長くなってしまう。これは製造業ではよく言われること。「八つのムダ」の一つである「在庫のムダ」はそれを指す言葉です。現在のようにスピードが重視されるビジネス環境では、デスクワークの仕事も「在庫のムダ」は問題。ムダのない、スリムな運営をしていくことがスピードにつながります。

6 長期的な仕事を先読みする
――段取りで仕事を見極める②

1 長期的な視点も持つ

これまで紹介してきたように、自分の仕事を整理していけば、仕事の進め方を決めていくことができますし、仕事を抱え込みすぎてリードタイムが長くなってしまう状況を避けることができます。

ただし、もう少し長期的な視点を持つことも有効です。たとえば、何か月もかかるプロジェクトを進めている場合や、二、三か月先にイベントを行う場合など、先の予定を考え、仕事を組み立てておくことが重要な場合もあります。

そのためには、自分の長期的なスケジュールを整理しておくことも有効です。先のことを予想するからこそ、特定の時期に忙しくなりすぎないよう、仕事をうまく分散させることも可能になってくるのです。

②長期スケジュールは週単位で整理する

一般的に「長期スケジュール」というと、月単位で考えることが多いのですが、これは結構失敗が多いものです。月単位だと区切りが長すぎるので、月の前半は油断してしまいがちですし、月の後半は「間に合わせなければ」とあわてることになりがちです。

そうならないように、長期スケジュールは最初から週単位で考えるのがおすすめです。一週間単位だと「ここまでが今週の仕事」「今週中にここまでやらなければいけない」ということが、より具体的に自覚しやすくなります。普段はスケジュールを一週間単位で見たり、考えたりすることが多いですから、長期スケジュールもそれに合わせて考えるわけです。

③すべての仕事を一つのスケジュールに

また、長期スケジュールは一枚にまとめる方が使いやすくなります。いくつかの仕事を並行

■図表3-5　長期スケジュールをシンプルにまとめる

◆それぞれの案件で行う仕事やイベントを、1週間ごとに書き出しておく

週No.	日　付	Aプロジェクト	Bプロジェクト	Cプロジェクト
第14週	3/29～4/ 4	報告資料作成 □□社出張	仕様検討 部内会議	スタートアップ会議 資料準備
第15週	4/ 5～4/11	プロジェクト会議 資料準備		第1回調査期間
第16週	4/12～4/18		▽▽社打ち合わせ 見積依頼	調査結果まとめ
第17週	4/19～4/25			対策案検討 関係者ミーティング
第18週	4/26～5/ 2		部会資料作成	月次報告会議
第19週	5/ 3～5/ 9	報告資料作成 □□社出張	部会承認 発注	対策実施
第20週	5/10～5/16	プロジェクト会議 資料準備	外注期間	
第21週	5/17～5/23			改善効果調査
第22週	5/24～5/30			調査結果まとめ
第23週	5/31～6/ 6			中間報告会議
第24週	6/ 7～6/13	報告資料作成 □□社出張		改善実施予定 （詳細未定）
第25週	6/14～6/20	プロジェクト会議 資料準備		
第26週	6/21～6/27			

全体の仕事の流れがつかみやすくなるとともに、
各週の仕事量も予想しやすくなる

して進める場合、それらのスケジュール全部をいちいち確認するのも大変ですし、それぞれをバラバラに見ていては、全体の仕事量がつかみきれません。もし、あるプロジェクトの忙しい時期と、別のプロジェクトの忙しい時期が重なっていても、気づかないかもしれません。ですから、すべての仕事が一枚のスケジュール上に書かれているのが理想なのです。

そのためには、長期スケジュールを図表３－５のようにまとめると使いやすくなります。これは簡単な表ですから、手帳やノートに書いたり、パソコンなどで作っても、それほど手間はかかりません。「細かい仕事内容を書く」という感じではなく「それぞれの週の仕事の忙しさをつかむ」という感じです（細かい仕事の内容は、毎週のスケジュールの方で、あとで計画していくわけです）。

7 仕事を行き詰まらせない
――段取りで仕事のツボを押える①

①「聞き上手」になる

仕事をうまく進めていくためには「仕事が行き詰まらないようにする」ことも大事です。もし、仕事上何か問題が起こったり、自分では分からないことが出てきたりした場合、そこで行き詰まったまま放置してしまえば、仕事は進みません。もちろん「リードタイム」も非常に長くなってしまいます。

たとえば、仕事のやり方や進め方など、仕事上わからないこと、迷うことが出た場合、「自分で考える」ことも必要ですが、それにこだわりすぎると失敗します。もし上司や先輩、同僚に聞いて解決できることなら、自分で考える時間はムダになってしまいます。仕事の効率を上げるためには、積極的に聞く「聞き上手」になることもとても重要です。

「聞く」ことが重要というのは当たり前のこと。しかし、メールが普及した現在「聞きにくい」と感じる人や、実際に聞かない人は増えています。たとえば、隣の人に仕事上の質問ごとをするために、わざわざメールを送るというケースもあるそうです。しかし、こういうやり方は効率が良いとは言えません。

これはメールを返信する側の立場に立ってみればわかります。そもそも他の人から受ける質問や相談事は「自分の仕事」と直接関係ない場合も多いもの。ですから、同じメールでも返信を後回しにするかもしれません。また、こういうメールにはちょっとやっかいなところもあります。ちゃんと（正しく）答えてあげたいと思えば慎重になってしまいますし、質問の意図がつかみにくかったりすると、ますます答えにくくなります。

このように、メールで送るのはかえって効率が悪くなりがちですし、もし相手が「メールがあまり得意じゃない人」ならなおさらです。

会議案内などの「一斉送信」する場合、メールは便利なものです。しかし、仕事上の質問は（離れているときなどは別として）、直接聞くのが基本ですし、その方が効率的なことが多いのです。

②上司の意向をうまくつかむ

仕事を行き詰まらせないため、うまく進めていくためには、仕事を「やり直し」にさせないことも重要です。たとえば、手間と時間をかけて報告書を作成したのに、それを上司に見せたら「やり直し」になってしまった……。こうなると、時間や手間がムダになってしまいますし、最悪の場合、仕事が間に合わなくなってしまいます。

誰でも仕事の「やり直し」は嫌なもの。上司に変更を命じられると「最初から言ってくれよ……」と思うこともあるかもしれません。しかし、上司も人間ですから、報告書のすべてを予想して、事前に的確なアドバイスを出せるとは限りません。実際に報告書を見てから考えを改めることがあるのも、ある程度は仕方ないことです。

こうした「やり直し」の被害を最小限にするためには、仕事の進め方を工夫するのが効果的です。

たとえば、報告書の概要が決まったところで（作り始める前に）その内容を上司に説明しておく。あるいは、報告書がある程度できた時点で（仕上げる前に）上司に見せておく。こうした手順を踏めば「やり直し」による被害を最小限にすることができます。

これは報告書の期限を二段階に設定するようなものです。「**内容を決める**」のと「**最終的に仕上げる**」という二段階です。これは上司に見せるかどうかに関わらず、仕事の「段取り」上も効果的です。たとえば「内容を決めた」段階で「あのデータを追加した方がいいかな」「このデータはいらないな」など、自分でも気づく場合があります。そこで軌道修正をすれば、仕事を効率的に進められますし、期限ギリギリにあわてずに済みます。もちろん、一段階目の「内容を決める」のが「最終仕上げ」の直前になってしまっては、あまり意味がありませんので、早めの段階で行うように計画しておくことが重要です。

「八つのムダ」の一つ「不良を作るムダ」は、工場などで不良品を作ってしまい、廃却や再加工などのムダが生じることを指します。たとえば、製造設備の設定をミスすれば、不良品がどんどんできてしまいますから、ミスは事前に防ぐのがベスト。もしミスしてしまった場合は、できるだけ早く気づくことが重要です。報告書も同じで、毎回完璧な報告書を作ることは難しくても、やり直しの被害が少なくなるように工夫はできるのです。

8 周りの人をうまく動かす
――段取りで仕事のツボを押える②

①他の人の仕事が遅れたせいで……

組織の中で仕事をしていると、仕事は自分一人で完結するわけではありません。誰かが作業した後、それを受けて自分の作業がスタートする場合もあります。この場合に前の人の作業が遅れると、自分の仕事が始められません。これは困りますよね。

もちろん、この場合の「仕事が遅れた責任」は前の人にあります。しかし、だからといって最終期限を変えられるとは限らず、最悪の場合、前の人の遅れを自分のところで挽回しなければならない場合もあります。こうなるとさらに大変です。

こんな最悪の状況を防ぐためには、前の人の仕事が遅れないように気をつけることも必要になってきます。「何で人の仕事のことまで気にしなきゃいけないの?」「ちゃんと間に合わせない人が悪いんじゃないの?」と思うかもしれませんが、これもお客さんに迷惑をかけないためには大事なこと。手間をかけずにやれる範囲で行えば、自分の仕事がスムーズに進みますし、何より「待たされるイライラ」を感じなくて済みます。

②「一手間」かけるだけで人を動かす

他の人の仕事が遅れないようにするというのは、その人を「うまく動かす」ようなもの。「そんなに都合よくできるのか？」と思うかもしれませんが、ちょっとした一手間でうまくいく場合もあるのです。

他の人の作業が終わった後に、自分の作業がスタートする場合、前の人の作業がいつ終わるかという日程は確認していることが多いと思います。もしこれが分からなければ、自分の仕事の計画が立てられないですから、これはしっかり確認しておきましょう。

その（前の人の）作業が終わる日程が分かったら、その二、三日前の日付のところに「○○さんの状況を確認しておく」という作業（タスク）を書いておきます（もちろん、自分のスケジュールにです）。そして、実際にその日が来たら、その人に作業の状況を確認します。

「○○の件、予定通り終わりそうですか？」とストレートに聞いてもいいのですが、誰でも「仕事の進め方に口を挟まれたくない」と思うもの。そこは少し配慮した方がよい場合もあります。相手の仕事に口出ししようというのではなく、（その後の）自分の仕事の予定を立てるために聞いているということが伝われば万全です。

実際のところ、こうした確認の予定（タスク）を書くのも、相手に確認するのも大した手間はかかりません。しかし、これをやるのとやらないのでは大違い。たとえば、もしその人が作業を忘れていた場合、終わる予定の当日に発覚するのは最悪のパターン。自分はイライラしてしまいますし、相手に文句も言いたくなります。しかも、いくらその人を責めても、時間が戻ってくるわけではありません。

そんな最悪のパターンを防げるのなら、この一手間はムダではありません。ちょっと確認しておけば、そんな状況に陥らずに済みますし、もし遅れを完全に取り返すことができなかったとしても、何も言わない場合よりも被害はかなり少なくなるはずです。

後になって「事前に確認しておけばよかった……」と後悔しなくてすむよう、事前に手を打っておく。これも「仕事の段取り」の一つです。

「前の人の仕事が遅れる」という状況は、2章でも述べた「手待ちのムダ」と同じです。自分の仕事が進められないので予定も狂いますし、何より仕事のリードタイムが長くなってしまうのが困ります。ここで紹介したように事前に確認しておくことも効果がありますし、周りの人も段取りよく仕事を進めてくれるようになるとベストです。機会があれば、本書で紹介した仕事の計画の立て方などを紹介してあげると、結果として自分の仕事がスムーズに進むことにつながります。

9 「どこまでやるか」見極める
――段取りで仕事のツボを押える③

1 完璧主義は効率が悪い

仕事の効率を高めるためには、それぞれの仕事を「どこまでやるか」見極めることも重要です。仕事はなんでも時間をかけて完璧に仕上げればいいというわけではなく、ときには「ほどほど」にとどめておくべき場合もあります。

そういう意味で効率が悪くなりがちなのが2章で述べた「完璧主義」です。たとえば資料を作成するときなどは、時間が許す限り、できるだけきれいに、細かく仕上げたくなる人もいると思います。そういう仕事の質を高めたいという思いも大事ですが、仕事はもともと限られた時間の中で行うもの。**すべて完璧を目指しては、時間がいくらあっても足りません。**

一つの仕事を「完璧（と思えるまで）」に仕上げるためには、細かいところにまで目を配らなければいけませんし、何度も見直す必要があります。これは「ほどほど」に仕上げるのと比べてかなり大変。時間が倍以上かかることも珍しくありません。つまり「完璧」な仕事を一つやる間に、「ほどほど」の仕事なら二つ終わらせられるかもしれないのです。忙しくて時間が不足気味のときには「完璧主義」になってはいられないのです。

② 一つの仕事しか見えていないと「完璧主義」になりやすい

しかし、それがわかっていても、ついつい「完璧主義」のようになってしまう場合もあります。特に、一つの仕事にのめりこんでしまって、他の仕事（の段取り）が見えなくなってしまうと、完璧主義になりやすいものです。

この章で述べてきたように、私たちは普段、複数の仕事を並行して進めています。それなのに他の仕事の段取りを忘れてしまうと、一つの仕事にのめりこんでしまいやすくなります。逆に、他の仕事を含めた「仕事全体の段取り」を確認することが完璧主義におちいらない秘訣です。

作業中は、目の前の「一つの仕事」に集中するのが基本ですが、いつでも確認できるように「仕事の段取り」は手元に置いておくのがポイントです。ときどき段取りを確認して、時間の配分を考えること。これが「完璧主義」の予防に役立ちます。

column 3

タイムマネジメント（時間管理）とは？

２章と３章で紹介したような「アポイントメント」や「タスク」の計画を立て、実行していく手法は「タイムマネジメント（時間管理）」と呼ばれています。「時間を管理する」と聞くと、細かくスキマのないタイムスケジュールを立て、分刻みで行動しなければいけないように感じるかもしれませんが、そこまでする必要はありません。むしろ、細かく立てたタイムスケジュールは、新しく仕事が追加された場合に柔軟に対応できないという問題があるのです。

「時間を管理する」といっても、実際に重要なのは本章で述べた「仕事の流れを作る」ことと「仕事量をつかむ」ことの二つです。この二つをしっかり押えていれば、時間をうまく活用しつつ、計画的に仕事を進めていくことができます。

「時間を管理する」といっても、実際に私たちが組み立てたり管理したりするのは、自分の「行動」つまり「仕事」です。ですから、一般的に「タイムマネジメント」と呼ばれてはいますが、実際のイメージは「時間を管理する」というよりは「仕事を整理する」と言った方がいいかもしれませんね。

第4章

「頭の整理」で仕事を効率的に進める

1 「頭の働き」をスピードアップする

①「決断力」や「発想力」を高める

「スピードを活かす仕事術」のためには、ここまでに述べてきたような「一日の仕事」や、さらに長い目で仕事を段取りすることだけでなく、もっと短い時間でのスピードを高めることも必要です。

たとえば、仕事を進めていくためには「決断力」が重要です。いくら計画的に時間を配分したとしても、決断すべきところで決断できないでいると仕事は前に進みません。同様に「アイデアが出ない」という状況も困ります。新しい企画やアイデアを出さなければいけないのに、全然思いつかない……なんてことになると、やはりそこで仕事が止まってしまい、時間ばかりが過ぎていきます。

ですから、こうした「決断力」や「発想力」などの「頭の働き」自体をスピードアップすることも重要です。

「頭の働きなんて簡単に変えられるものではない」と思うかもしれませんが、そんなことはありません。同じ人でも、仕事のやり方、進め方しだいで「決断力」や「発想力」が変わるのは、決して珍しいことではありません。その効果的な方法はあとで解説します。

②「集中力」を高める

また、仕事をスピードアップするためには「集中力」もとても重要です。これも仕事の進め方と関係しています。たとえば、忙しいときには「あれもやらなければ、これもやらなければ……」といろいろな仕事のことが気にかかりがちですが、こういう状況は「集中力」の観点では非常によくない状態です。他の仕事のことがあれこれ気になり出すと、いま手がけている目の前の仕事に対する集中が途切れてしまい、仕事の効率が下がることがあるのです。

3章で述べた「仕事の段取り」は、自分の仕事を整理することであり、自分の頭を整理することにもつながります。これは仕事への集中力にも関係しています。たとえば「今日の仕事」と「明日以降の仕事」がしっかり区別できていれば、「明日以降の仕事」のことをあれこれ気にしなくて済みますし、安心して「今日の仕事」に集中できます。その結果、集中力は高まりやすくなり、仕事の効率が上がることも多いのです。

これ以外にも仕事への集中力を高めるコツはありますので、あとで解説していきます。

③うまく「頭を切り替える」

「頭の働き」としてもう一つ大事なことは、うまく「頭を切り替える」ことです。1章でも述べたように現在は仕事のスピードが速くなっていますし、複数の仕事を並行して進めていくことも増えています。この場合、一つの仕事を終え、次の仕事に取りかかるときにうまく頭を切り替えられるかどうかが重要になってきます。たとえば、2章で述べたように、ある仕事に関連する情報は一つにまとめ、必要なときには素早く取り出せるようにしておくことも重要。必要な資料にすぐ目を通せるからこそ、頭を切り替えやすくなるわけです。

さらに、私たち自身のためにも「頭の切り替え」はとても重要。特に忙しいときほどそうです。たとえば、仕事を終えて家に帰ったのに、まだ仕事のことが気になり、気分を切り替えられない……。そんな状況はよくありません。仕事とプライベートの切り替えがうまくいかないと、自分の頭をうまく休められません。その結果、翌日の仕事への集中力が高まらないという悪循環になってしまうこともあります。頭をうまく切り替え、休養しやすくすることも重要なのです。

2 決断力を高める
――頭の働きを高めてスピードアップ①

① 決断するための二つのプロセス

仕事をしている中で「決断」はつきものです。たとえば、ある顧客に対しての提案内容を決めたり、問題を解決するための手段を選択したり、製品やサービスを改善する方法を選んだりと「決断」をすることによって仕事が進む（決断しないと進まない）という状況が数多くあります。そこで迷ったり悩んだりしていると、時間はどんどん過ぎて、仕事のリードタイムも長くなってしまいます。つまり、決断力は仕事のスピードを高めるための重要な要素なのです。

では、決断力を高めるにはどうすればよいでしょうか？　そのポイントは二つあります。一つは「**選択肢を明確にすること**」です。そもそも、選択肢が明確になっていない段階で決断しようとしても、なかなか決めきれるものではありません。まずはどんな選択肢があるか整理することが重要です。

二つめのポイントは「**そこから一つを選択すること**」です。明確になった選択肢から、最終的な選択を行います。

このそれぞれのポイントで「うまく頭を整理する」ことができれば、決断しやすくなり、結果として「決断力」は上がります。

②まずは「選択肢」を明確にする

私たちが何かを決断するときには、まず「どんな選択肢があるか?」を考えているものです。ですから、まずは「どんな提案をしようか?」「どうやって解決しようか?」等の選択肢を明確にすることが重要です。

もちろん、その選択肢は一つや二つとは限りませんし、選択肢が多ければ多いほど、あれこれと思い悩んで決めきれなくなってしまいます。この段階で悩まないためには、考えられる選択肢を書き出して整理することが必要です。

選択肢を「書き出す」というと手間や時間がかかると思うかもしれませんが、実際のところ、書き出してしまった方が選択肢はより明確になりますし、選択肢の見落としも減ります。すぐに決断できるような簡単な問題の場合は別として、少しでも迷ったり悩んだりしそうな場合は、まずは選択肢を書き出してみるのが決断を速くする秘訣です。

③選択肢の中から一つを選ぶには

次に、書き出した選択肢の中から一つを選ぶことになります（場合によっては、二つや三つを選ぶこともありますが、基本は同じです）。

私たちは、この「一つを選ぶ」というところで、いろいろ悩んだり考えたりするものです。ある選択肢のメリットを考えるとその選択肢を取りたくなり、逆にそのデメリットを思えば決断に迷いが生じる……そんな中で自問自答をくり返していて

■図表４-１　決断力を高めるために

◆決断力を高めるためには、まず選択肢を絞り込み、
それぞれのメリット・デメリットを書き出すのが有効

（例）Ａ案・Ｂ案のメリット・デメリットを書き出してみる

	メリット	デメリット
Ａ案	導入コストが低い （導入費○○万円）	拡張性が低い
Ｂ案	メインテナンス性が良い 拡張オプションが豊富	導入コストが高い （導入費○○○万円）

実際に書き出してみると、考えが整理されて決断しやすくなる

も、なかなか決めきれないこともありますし、だんだん頭が混乱してしまうこともあります。

こうした状況も「書き出して整理する」のが決断を速くする秘訣です。それぞれの選択肢について、それを選択するメリットとデメリットをそれぞれ書き出していきます。メリットとデメリットを書き出して見比べる方が、決断力が高まるのです。

そもそも、私たちの記憶はあまり確かなものではありません。一度に頭の中で覚えておける項目の数は七つ前後しかないともいわれています(「短期記憶」や「作動記憶」と呼ばれる記憶です)。たとえば、桁数の多い数字や電話番号などは覚えたつもりでもすぐに忘れてしまうことがありますが、それも記憶の不確かさを示しています。

それと同様に、考える項目(メリットやデメリット)の数が多くなると、どうしても頭を整理しきれず、考えが堂堂めぐりになってしまうことがあります。こうなると、なかなか決断しきれません。「書き出して整理する」ことが、遠回りなようでいて、実は決断の近道なのです。

④「決断しないリスク」を考える

このように「書き出して整理する」ことは決断力を高めるために役立ちます。しかし、それでも決断しきれずに迷ってしまう場合は「決断しないことのデメリット」を考えることも必要です。

決断できずに迷い続けることは、仕事が停滞することを意味します。仕事のスピードが速い環境では、そういう停滞は仕事の成果を減らしてしまいます。

たとえば営業の仕事で、ある顧客に対して「A案を提案するか」「B案を提案するか」で迷っているとしましょう。ここで二つの案のどちらがベストかを考えることは確かに大事です。しかし、迷い続けている間に他社に遅れを取ってしまい、他社が受注することになってしまえば成果はゼロです。そうなるくらいなら、A案、B案のどちらでもいいから提案しておいた方が良かったということになります。つまり、「決断しない」こと自体が大きなマイナスを生んでしまったということです。

「決断しないこと」は「行動しないこと」につながり、もちろん行動しなければ成果が得られる確率はゼロです。ですから、悩んでいるくらいなら（決断して）行動に移すことの方がよっぽど重要だといえます。「完璧な選択、ベストな選択ではなかったとしても、迷い続けて行動しないよりは良い」そう考えると、決断する際に少し気が楽になります。

もうおわかりかもしれませんが、この「決断しない」という状況も「八つのムダ」の中の「何もしないムダ」に当てはまります。慎重に考えることも大事ですが、それがせっかくのチャンスを逃がすことにつながってしまっては、元も子もありません。

3 発想力を高める

——頭の働きを高めてスピードアップ②

①「アイデアを出す仕事」は早くスタートする

「新しい企画を立てなければ」「何かアイデアを出さなければ」という状況で、良いアイデアがなかなか出てこない……そういう状況はプレッシャーもあり、苦しいものです。こういった「アイデアを出す仕事」は短時間でうまくいくときもあれば、長時間かけても思いつかないこともあるのが難しいところ。そういう難しい仕事だからこそ、どう進めていくかが重要です。

まず、「アイデアを出す仕事」を効率的に進めるために最も重要なことは「**早めにスタートする**」ことです。「期限が迫ってきたところで良いアイデアが浮かんだ」という経験のある人は納得いかないかもしれませんが、実はこれが最も効率的なのです。

これは、逆に「効率的でない状況」を考えてみるとわかります。「アイデアを出す仕事」で最も効率が悪いのは「長時間考えたのに何もアイデアが出ない」という状況です。時間ばかりかかってしまって、アイデアが得られないのであれば困りますよね。

こういう状況にならないためには、あきらめの良さも必要です。いくら考えてもダメだ、といったんあきらめる（別の仕事に切り替える）ことで、時間をムダにしなくて済みますし、あとで改めて考えてみると意外に良いアイデアが出てくることもあります。

しかし、仕事の期限が迫り、追い込まれた状況ではそういうわけにもいきません。そこであきらめてしまえば、仕事が遅れてしまいますから「石にかじりついても」やらなければいけません。こうなるとアイデアが出ないまま長時間悩み続けることにもなりますし、結果として時間をムダにしてしまうこともあるのです。

早い段階から仕事をスタートしておけば、こういうムダは避けられます。早い段階で少し考えてみて、また翌日少し考えてみる。このくり返しを行う方が、結果として短時間で良いアイデアが得られることが多いのです。

これは記憶や脳のメカニズム上も正しいことです。私たちの脳は、睡眠中にその日経験したことや考えたことの記憶を整理し、再構築するといわれています。つまり、翌日になると、前日とは記憶の状況が変わっているわけです。

翌日になってもう一度考えてみると、前日にはまったく思いつかなかった良いアイデアをひらめいた経験のある人もいると思いますが、それもこうした記憶のメカニズムのおかげかもしれません。

早い段階から「アイデアを出す仕事」をスタートし、一回あたりは短時間でもいいので、何度もくり返し考えていけば、この記憶のメカニズムを有効に活用できるというわけです。

②記録を取ることが重要

ただし、短時間でうまくアイデア出しをするためには、どうしても外せない条件があります。それは「考えたことをメモしておくこと」と「次回もそのメモを見ること」です。何もメモせずに考えていては、良いアイデア（あるいはその元になるアイデア）を忘れてしまうかもしれません。また、毎回「前回はどこまで考えたっけ？」と思い出すだけで時間がかなり過ぎてしまいます。これでは、逆に効率がとても悪くなってしまいます。

■図表４-２　「アイデア出し」はメモで効率化

◆メモ帳よりもＡ４用紙

アイデア出しに使うなら「メモ帳」よりもＡ４用紙の方が使いやすい

・広いので書き込みやすい（書き足していきやすい）
・他の書類と合わせて保存しやすく便利

◆他の書類と合わせて保存

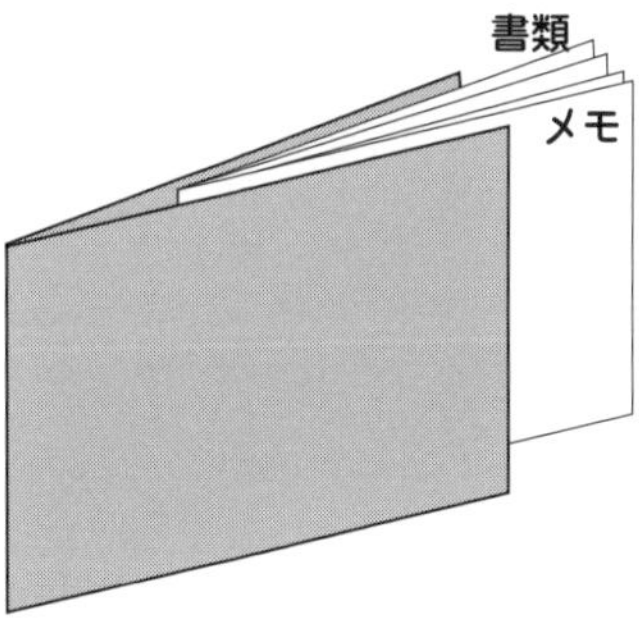

アイデア出しもメモも、その案件の他の書類と合わせて保管しておく

・こうすると、その仕事をするときに必ず目に入る
・Ａ４用紙ならフォルダ等に入れる場合に便利（サイズが揃う）

「アイデアを出す仕事」では、考えたこと、思いついたことを（一見つまらないものでも）メモしておくことが大事ですし、次回はそのメモを見てスタートすることがとても重要です。これを行えば、短時間のアイデア出しのくり返しがとても有効に活用できます。その方が追い詰められてから悩むよりも、ずっと質の高い（しかも効率的な）仕事ができるのです。

4 考える時間を確保する
――頭の働きを高めてスピードアップ③

①「自分の仕事」のために時間を確保する

前項で述べたように「アイデアを出す仕事」は短時間のアイデア出しをくり返すことで効率的に進められます。しかし、仕事の内容によってはどうしても「じっくり考えたい」という場合も出てきます。その場合は2章で述べた「かたまり時間」を使う必要があります。

しかし、忙しい中で、この「かたまり時間」は貴重なもの、なかなか確保しにくいものです。そんな中で「かたまり時間が取れたらやろう」と思っていても、仕事はなかなか進んでくれません。**自分から積極的に「かたまり時間を作る」ことも必要なのです。**

たとえば、なにか「じっくり考えたい仕事」があったとします。それを他のタスクと同様に空き時間の中でこなしていける場合はいいとして、無理そうな場合は、それをやるための時間を確保する必要があります。「時間ができたらやろう」ではなく、積極的に「時間を作る」のです。

具体的には、数日先のスケジュールまで確認して「かたまり時間」が取れる時間帯を見つけます。そこにその仕事の予定を「アポイントメント」として入れてしまいます。誰かと打合せ等を行うわけではありませんが、その時間に別のアポイントメントを入れてしまわないよう、アポイントメント同様に時間を決めてしまうのです。もし、あとで他のアポイントメントが入りそうになっても、その時間帯には入れないようにします。

ただし、どんな仕事でも時間を確保すればいいというわけではないという点には注意が必要です。なんでも「アポイントメント」として時間を固定してしまうと、仕事の進め方の柔軟性がなくなってしまい、あとでかえってやりにくくなってしまうことがあります。どうしても「かたまり時間」が必要な「じっくり考えたい仕事」や「集中して作業したい仕事」に絞って行うようにすると効果的です。

5 「明日の仕事は今考えない」
――集中力を高めてスピードアップ①

① デスクワークは集中力で大きく変わる

私たちがよく行う、パソコンを使う仕事などのいわゆるデスクワークでは、その仕事への集中力しだいで仕事の効率は大きく変わってしまいます。たとえば、何か他のことが気になったり、心配事があったりすると、目の前の（作業中の）仕事に集中できなくなり、時間がかかる割に仕事はなかなか進まないものです。

とはいえ、集中力は自分で「高めよう」と思うだけで高められるものでもありません。実際、集中できないときに「集中しよう」と思っても、そう簡単にはいかないことが多いですよね。しかし、その集中力も、仕事の進め方しだいで高めることができます。

というのは、実は私たちの仕事の中には「集中のジャマ」になっているものが、かなり多いのです。仕事の進め方を工夫すれば「集中のジャマ」を減らすことはできますし、それだけでもかなりの効果があるのです。

②明日の仕事は考えない

私たちの仕事の中にある「集中のジャマ」の一つは、意外かもしれませんが「仕事そのもの」です。私たちは「いま行っている仕事」以外の別の仕事について考えたり心配したりすることが意外に多く、それが「いま行っている仕事」に集中することをジャマしているのです。

たとえば、ある仕事（たとえばA社向けの資料作成）をしていると、それに関連した仕事のことを思い出すことがあると思います（「A社」関連の別の仕事や、別の会社向けの「資料作成」など）。それを「思い出す」だけならいいのですが「あの仕事、期限が近いけど大丈夫かな?」「○○のデータも必要だったかな?」「Bさんに○○を頼んでおかないと」などと、「心配事」や「やらなければいけないこと」を思いつくこともあります。これらが気になり始めると、目の前の仕事への集中力は低下してしまいます。

こういう状況を改善する方法の一つが3章で述べた「仕事の段取り」です。これからやっていく仕事がすべて段取りできているなら、先ほどのように他の仕事を思い出したとしても「あれは段取りしてあるから大丈夫」と安心して忘れることができます。「安心して（他の仕事のことを）忘れる」ことが、集中のジャマを作らないために重要なのです。

「明日の仕事のことは考えない（心配しなくてもいいように段取りを済ませておく）」ことが**「今日の仕事への集中力」**を高めてくれるのです。

③新しい仕事は書きとめて忘れてしまう

ただし、先ほどのように思いついたことの中には、ときには「まだ段取りを済ませていない仕事」つまり、新しい仕事が混ざっている場合もあります。これは少し違う対応が必要になります。

こういった仕事はまだ段取りできていないですし、書きとめてもいませんから、うっかりすると忘れてしまうかもしれません。こういう仕事に対して私たちは無意識に「忘れてはいけない」と感じがちです。頭のどこかで「忘れてはいけない」と思っていると、それが気になって、やはり本来の仕事に集中しきれなくなってしまいます。

ですから、こうした仕事については、その場その場ですぐに書きとめてしまうようにしてください。これも集中力を高めるために有効です。ちょっと仕事の手を止めて、書きとめる必要はありますが、書きとめてしまいさえすれば、安心して忘れることができます。それが本来の仕事への集中力を高めてくれます。

書きとめるときには、3章で述べたように実行日を決めて書いておくのがおすすめです。実行日が決まっていないまま、ただメモしただけだと、やはりその仕事のことが気になってしまいやすいのです。

思いついた仕事は「すぐ書く」ようにすること。この「すぐ書く」習慣は、仕事の段取りを確実なものにするためにも有効ですし、仕事への集中力を高めるためにも有効。仕事の効率を高めてくれる習慣なのです。

6 「周りにジャマされにくい仕事の進め方」
――集中力を高めてスピードアップ②

1 「仕事に集中できない」状況を改善する

「仕事に集中しにくい」という状況は他にもあります。たとえば、自分の仕事に集中したいのに電話がかかってきたり、他の人が質問や相談にきたり、上司から呼ばれたりするなど、私たちの仕事を中断するジャマが職場にはたくさんあるのが普通です。

集中して取り組みたい仕事、ちょっと難しい仕事などに取り組んでいるときには特に、このような中断が気になるものです。仕事に集中できないとイライラしてしまうことがあるかもしれませんし、イライラしなくても、仕事の効率は大きく下がっています。

そもそも、2章でも述べたように、じっくり集中したい仕事は「かたまり時間」に行いたいものです。こうした中断ばかり入るのは、せっかくの「かたまり時間」を「細切れ時間」に変えられるようなものです。これでは仕事の能率は上がりません。

こうした状況を避けるためには、周りの人に配慮してもらうか、自分で防衛することが必要です。

②集中をジャマしない配慮

たとえば「おたがいに仕事のジャマをしない時間帯」を作るというのも一つの方法です。一日の中で時間帯を決め、その間は他の人に話しかけたり、電話をかけたりするのは控えるようにするのです。実際にこうした時間帯を作っている職場もあり、その時間帯のことを「がんばるタイム」と呼ぶ場合があります。

あるいは「この時間は○○の仕事に集中させてください」とあらかじめ周りの人に言っておくという方法もあります。もちろん、自分のために配慮してもらうだけでなく、周りの人に対する配慮も必要です。

他には、逆に質問や相談などをできるだけまとめて行うようにする。時間帯を決めて行うなどの方法もあります。おたがいの仕事の能率を高めるために役立つことですから、職場で相談してみると協力してくれる人もいるかもしれません。

③集中をジャマされないように仕事を組み立てる

そのような手段が取れない場合は、自分で仕事の組み立てを変えることも有効です。たとえば、何か未決の案件があって「電話がかかってきそうだ」と思う相手がいる場合、電話がかかってくるのを待つのではなく、自分から電話したり、メールしたりするのも一つの方法です。そうやって先手を打ってまとめて済ませておけば、そのあとは仕事のジャマをされることが少なくなります。

④メールで仕事を中断させない

２章でも検討したように「メール」も仕事の中断の原因になりがちです。パソコンの画面に「新しいメールを受信しました」と表示されると、つい見てしまうものですが、それが自分の仕事を中断させてしまうことにつながります。たとえば「この一時間はメールを見ないで仕事に集中する」と決め、その時間内はメールの受信表示を切っておくようにすると、集中しやすくなります。

⑤中断された場合の被害を減らす

こういった対策をしても、仕事を中断されてしまう……という人もいると思います。そういう場合は「中断されないように」するだけではなく「**中断された場合の被害を減らす**」という対策も必要です。

他の人に話しかけられたりして仕事が中断した場合、それまでに考えていたことを忘れてしまったり、作業がどこまで終わったか分からなくなってしまったりします。これが仕事を再開する時に能率が上がらない原因です。「どう考えていたか」「どこまで終わったか」を思い出すところから始めないといけませんから、能率が上がらないのも当然です。

こうした被害を少なくするためには、仕事を進める中で考えたことや、これからやる作業をメモしておくことが役立ちます。仕事の内容は覚えていられるつもりでも、人から話しかけられたり、その話が込み入ってきたりすると簡単に忘れてしまうものです。中断されることが多い環境では、メモしながら仕事を進める習慣はとても役立ちます。「忘れないだろう（と思う）こと」でも、マメに書きとめるのがポイント。一見手間がかかるようですが、中断の多い環境ではかえって効率が上がります。

7 頭を素早く切り替える
——切り替え力を高めてスピードアップ①

①「頭の切り替え」も重要

仕事を効率的に進めたり、仕事への集中力を高めるためには「頭の切り替え」も重要です。特に、複数の仕事を並行して進めている場合、それぞれの仕事に合わせて頭もうまく切り替えていかないと、仕事に集中しきれません。１章で述べたように「速く」「早い」仕事の中では、この「頭の切り替え」が重要なのです。

②違う仕事に切り替える

たとえば、ある仕事に関連したタスクが終わり、別の仕事のタスクを始めようという場合、仕事の内容に合わせて頭を切り替えることが必要です。この切り替えのためには、２章で述べた「関連する情報は一つにまとめる」ことがとても役立ちます。

まず、終わった仕事の書類（やパソコンのファイル）は、その案件用のフォルダにしまってしまいます。**終わった仕事の情報は目に入れないようにする**のです。

そして、次に始める仕事のフォルダを出し、必要な書類やファイルを開きます。不要になったものを遠ざけ、必要なものを手元に持ってくる。この区切りが頭の切り替えに役立ちます。逆に終わった仕事の書類やファイルが開いたままになっていると、どうしてもその仕事のことが気になったり、うまく切り替えできなかったりします。

単純なことですが「終わった仕事はしまって」「これからやる仕事を開く」メリハリをつけることは、意外なほど頭の切り替えに役立ちます。2章で述べた「関連する情報は一つにまとめる」ことを実行すると、この作業は素早くできるようになります。

メリハリをつけて集中して仕事をするためにも、「まとめる」整理を実行してみてください。

8 頭をウォーミングアップする
——切り替え力を高めてスピードアップ②

① 頭を素早くウォーミングアップする

一日の仕事をスタートする朝の時点でも「頭の切り替え」は重要です。たとえば、朝出社した直後、なかなか仕事に手をつけられなかったり、仕事の能率が上がらなかったりするのは、プライベートから仕事への頭の切り替えがうまくいっていないということです。

たとえば、何となくメールを見たり、書類を見たりしながら「何からやればいいかな」と考えている場合もあるかもしれません。これは、一見仕事をしているように見えますが、実際に仕事はほとんど進んでいません。

このように、朝の時間は意外に有効に使えていないことが多いものです。しかし、これはとてももったいない話。朝の時間は実は貴重なのです。

職場によって差はありますが、朝一番は意外に仕事を中断されにくい時間帯です。みんな自分のメールを見たりするのに忙しく、他の人のところに話しに行ったり、電話をしたりすることはあまりしません。つまり、**朝一番は自分の仕事に集中しやすい時間なのです**。この時間をダラダラと過ごしてしまうのはとてももったいないことです。

②素早く「仕事モード」に切り替える

ですから、朝は「すぐに頭を仕事モードに切り替え」「集中したい仕事に取り組む」のが理想です。「なかなかそうもいかない」と思うかもしれませんが、これはやってみると意外に難しくありません。

3章で述べた「仕事の段取り」ができていれば「今日やる仕事」はあらかじめ書き出した状態になっています。朝一番はそれを素早く確認して「まずこの仕事をやろう」と判断してしまいます。それが決まれば、他の仕事はひとまず忘れてその仕事だけに集中します。

この章の「発想力を高める」という項目でも述べましたが、人の脳は睡眠中に記憶を再構成しますから、朝は、頭が整理されたフレッシュな状態になっています。そのせいか、朝は一つの仕事に集中するようにすると、とてもはかどることが多いのです（私は決して「朝型」ではありませんでしたが、それでも朝は仕事がはかどります）。

9 頭をクールダウンする
――切り替え力を高めてスピードアップ③

①帰る前に頭をクールダウンする

前項では、朝の「頭の切り替え」について述べましたが、仕事が終わったあとの「頭の切り替え」も重要です。もし、仕事が終わったあとも仕事のことが気になり続けるようでは、プライベートの時間にリラックスできなくなることもあります。それが原因で疲れが抜けないようだと、翌日の仕事にも影響します。仕事が終わったあとの「プライベート」への頭の切り替えも必要なのです。

仕事からプライベートに「頭の切り替え」を行うためには「仕事の心配事」を残さないことが重要です。「仕事の心配事」になりやすいものは二つあります。一つは「**今日の仕事にやり残しがなかったか？**」という心配。もう一つは「**明日の仕事はちゃんとやれるかな？**」という心配です。

②仕事が終わったら素早く確認する

こうした心配事を作らないためには、仕事が終わって「さあ帰ろうか」というところで（すぐに帰るのではなく）少しだけ仕事のことを確認する時間を作るのがおすすめです。

具体的には、まず最初に「今日の仕事」を確認します。今日予定していた仕事がすべて無事完了できていることを確認すると安心できますし、もしやり残した仕事があったとしても、それを明日やれる段取りが立っていれば大丈夫です。

次に「明日の仕事」を確認します。明日予定している仕事がちゃんとやれる（時間が足りる）ことが確認できていると、明日の仕事に対する不安がなくなります。

この「今日の仕事」と「明日の仕事」の両方を確認しても、そう時間はかかりません。一、二分程度で確認できることがほとんどです。それでいて「今日の仕事にやり残しがなかったか？」あるいは「明日の仕事はちゃんとやれるかな？」という心配がなくなり、安心して仕事のことを忘れられます。これが仕事からプライベートに頭を切り替えるためにとても役立つのです。

column 4

集中力がキープできる時間は？

「人はどのくらいの時間、集中力を高めて物事に取り組めるのか？」という疑問に対する答は諸説あり、30分以下という説もあれば45分という人もいます。個人的な感覚ですが、私は集中力が持続する時間は経験で高められると感じています。私は現在、文章を書く場合など集中しながら2時間ほど一気に書き進めることもありますが、以前はこんなに集中できませんでした（もちろん取り組む内容によってもある程度違ってきますが）。

ですから、もし「集中力が持続する時間を伸ばす秘訣」があるとすれば、それは普段から「集中して取り組む」時間を増やすことだと思います。集中して何かに取り組む経験を積むうちに、段々持続時間が長くなってくるということです。3章で紹介したようにタスクが整理できてくると「今はこの仕事に集中する」というメリハリをつけやすくなります。「このタスクに集中する」と意識して実行してみるといいかもしれません。

さらに、もう一つあげるなら「手を動かす」ことです。私の場合、手を動かさずにただ「考える」だけでは、なかなか集中力は続きません。メモを取ったり、パソコンに入力したり、手を動かしながら考えることは大事だと感じます。

第5章

実践・タイムマネジメント

1 外回りが多い仕事のポイント

①アポイントメントの「見える化」が重要

この章では、これまでの章で述べてきた仕事のやり方を、実際に応用する上でのポイントを紹介します。まず、外回りが多い仕事でのポイントです。

外回りが多い仕事の場合、「アポイントメント」の比率が高く「タスク」の比率が低くなります。ですから、アポイントメントの効率的な組み立てがまず重要です。

たとえば、複数のアポイントメントの中で、行き先が近いものは同じ日に（続けて）訪問できるようにすれば、移動時間は短くてすみます。そのためには、アポイントメントの入り方を一目で分かるようにすることが重要。アポイントメントの「見える化」です。

図表5－1のように、移動時間を含めたアポイントメントを書き込むと分かりやすくなりますし、移動時間のムダを減らしやすくなります。

■図表５-１　アポイントメントは移動時間を含めて「見える化」する

新しいアポイントメントを入れるときに
移動時間を含めて効率的な予定が組みやすい

もちろん相手の都合もありますので、自分の都合ばかり優先するわけにはいきませんが、できる範囲でアポイントメントの組み方を考えてみてください。普段から図表5－1のようにアポイントメントを「見える化」できていると、とっさの場合もすぐに効率の良い組み立てを考えやすくなります。

アポイントメントを入れる際には、アポイントメントの開始時刻を決めるのは当たり前ですが、終了時刻まで決める人は意外に少ないものです。しかし、話の内容を考えれば、必要な時間はある程度予想できるもの。先方と約束する際は「○時○○分から」と開始時刻だけを決めるのでなく、できるだけ「○時○○分～□時□□分」のように終了時刻も含めて決めるようにしてみてください。

終了時刻を決めないと、打ち合わせや面談はついダラダラと長くなりがちなもの（社内の会議などでもそうです）。終了時刻を決めるようにすると所要時間が読みやすく、効率的な組み立ても考えやすくなります。ただし、場合によってはアポイントメントが予定よりも延びてしまうこともあるもの。次のアポイントメントや移動時間までには、ある程度余裕を持たせておくことも必要です。

②貴重な「タスクをやれる時間」をムダなく使う

「外回りが多い仕事をしているので、どうしても残業が長くなってしまう」という話はよく聞きます。たとえば、定時頃に社に戻り、それから日報を書いたり、資料を作成したりしているると帰りが遅くなってしまう、というパターンです。このように、アポイントメントが多い仕事では、どうしても（資料作成などの）タスクを行う時間が不足しがちです。

こうした状況を改善するためには、先ほどのようにアポイントメントの組み方を効率化するとともに、タスクを効率良く実行していくことが必要になってきます。そのためにはタスクを素早く、上手に管理していくことが重要になります。

タスクの管理は「細切れ時間」をうまく活用することにつながります。たとえば、朝、会社を出る前の空き時間や、社内会議が始まる前の空き時間など、短い空き時間がある場合、その時間をムダにしないためにタスク管理が役立ちます。

たとえば、タスク管理を行っていない場合、十分ほどの空き時間があっても「何をすればいいかな」と考えているうちに時間は過ぎますし、「あまり時間がないから」とあきらめてしまいやすいものです。これが、タスク管理を行うと変わってきます。たとえ短い空き時間でも、その間に終わらせられる（あるいは進められる）タスクはあるものです。

また、ちょっとした事務処理やメールの返信などの、ちょっと面倒だったり、時間がかかりそうなタスクも、集中して行えば意外に短時間で終わることが多いものです（これは実際に時間を測ってみるとよく分かります）。ですから、こうした「細切れ時間」をムダなく使うことで、タスクの進み方はかなり違ってくるのです。

③外での「空き時間」を活用する

また、外出先でアポイントメントとアポイントメントの間にできた空き時間や、移動中の時間なども、できればムダなく使いたいものです。たとえば、アポイントメントを行った結果を、日報などの形で社内報告しなければいけない仕事の場合、こうした空き時間の間に日報を少しずつ書き足していければムダがありませんし、忘れないうちに書けるというメリットもあります。

日報は社内で（パソコンに向かって）書かなければいけないという仕事の場合も、その日の日報で「何を」「どう報告するか」をメモしておくことはできると思います。出先でこうしたメモを書いておくと、社に戻ってからの日報作成が素早くできます。メモなしで日報を作成すると「何を書くか」「どう報告するか」といったことを考えたり、思い出したりしながら書くことになり、どうしても時間がかかってしまいがちなもの。日報のインプットだけで一時間以上かかってしまうという人も結構多いのです。出先でメモしておく習慣は、この時間を大幅に短くしてくれます（2章で紹介したタッチタイピングのスキルを身につければさらに短縮できます）。

この日報に限らず、外回りが多い仕事では「社に戻ってから思い出す」「社に戻ってからあらためて考える」ことはできるだけ減らすのが効率化するポイントです。社に戻ってからは「作業する」ことだけに集中できるよう、出先でまとめておくわけです。

資料の作成などをするタスクがある場合も「どんなデータを使って」「どんな形式でまとめるか」などのアイデアは出先でも考えられるもの。それをメモしておくと、社に戻ってからの仕事を効率化できます。

2 デスクワークが多い仕事のポイント

① 情報は一箇所に集約すること

一方、職場や担当業務によっては、あまり外に出ない仕事もあります。デスクワークが主体の仕事です。こうした仕事でも、これまで述べてきたやり方が共通して使えますが、デスクワークならではの注意点もあります。その一つが、情報の扱い方です。

デスクワークが主体の場合、仕事をする場所は主に自分のデスク。自分のデスクだけに、いろいろな物を置いたりできて便利です。しかし、その便利さがかえって問題になる場合もあります。

たとえば、デスクワーク主体の職場では「アポイントメントやタスクの情報をバラバラに書きとめている人」が多いものです。よくあるのは、会議などのアポイントメントを手帳に書いたり、卓上カレンダーに書いたり、あるいはメモ用紙や付箋などにメモしているという状況です。こういう状況はよくありません。

アポイントメントやタスクの情報を書きとめておくことは、自分の仕事の流れを組み立てたり、自分の仕事量をつかむために重要。これは3章で述べた通りです。しかし、個々のアポイントメントやタスクの情報がバラバラのところに書かれていると、全体を確認するのが難しくなりますし、うっかり見落としてしまうことも出てきます。失敗が多くなる上に手間もかかってしまうので、良いことは一つもありません。情報は一箇所に集約するのが基本。その方が確実ですし、かえって手間がかかりません。

アポイントメントやタスクの管理を手帳で行うにしても、パソコンで行うにしても、「情報は一箇所に集約する」ことがとても重要です。

②「タスクを見る習慣」が重要

デスクワーク主体の仕事では、時間配分はアポイントメントが少なめ、タスクが多めになるのが一般的です（特別に社内会議が多い場合は別として）。この場合、仕事の効率をあげるためには、タスクをスムーズに、効率的に進めることが重要になってきます。

そもそも、デスクワークが主体の仕事では、一日のタスクの数は多めになります。一日に数件ですめば少ない方で、細かい事務処理や連絡事項などを含め、十数件のタスクをこなさなければいけないことも出てきます。そんな中で、タスクを忘れずに、スムーズに実行していくのは意外に難しいものです。

たとえば、朝に手帳を確認して「今日やるタスク」をチェックしたとしても、仕事をしているうちに、（その中のいくつかを）忘れてしまうこともあります。つい、予定外の仕事や調べものに時間を使いすぎてしまうこともあるかもしれません。しかし、これではタスクはなかなか片付きませんし、「細切れ時間」をムダに過ごしてしまうことも出てきます。

そうならないようにするには、その日に予定したタスクが自然に目に入るようにしておくのがポイントです。たとえば、手帳を使ってタスクを管理している場合は、朝に手帳を見た後、その手帳をしまっておくのではなく、デスクの上に開いたまま置いておきます。デスクの上で「ここに手帳を置く」という場所を決めておくと便利です。

パソコンのスケジュール管理ソフトなどを使って管理する場合、そのソフトは常に開いておきます。ただし、パソコンの場合、他の作業をしているとスケジュール管理ソフトが目に入らなくなってしまいます。ですから、

「一つの仕事が終わったらタスクを確認する」

「また別の仕事が終わったら確認する」

■図表5-2　タスクは手帳を見ながら行う

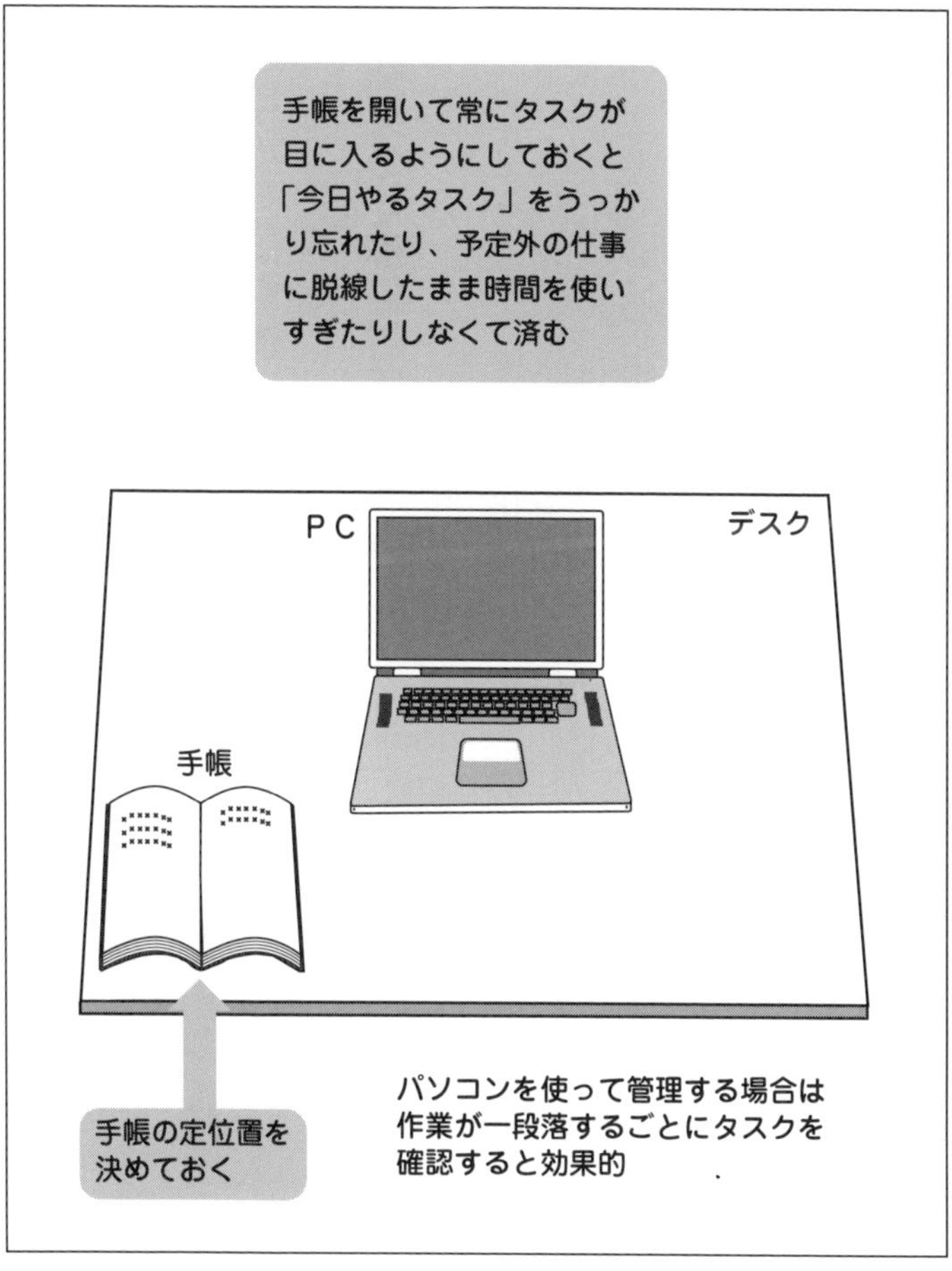
手帳を開いて常にタスクが
目に入るようにしておくと
「今日やるタスク」をうっか
り忘れたり、予定外の仕事
に脱線したまま時間を使い
すぎたりしなくて済む
ＰＣ
デスク
手帳
手帳の定位置を
決めておく
パソコンを使って管理する場合は
作業が一段落するごとにタスクを
確認すると効果的

というサイクルをくり返しながら仕事を進めていくのがおすすめです（また、2章で紹介したパソコンの二画面化も有効です）。

タスクの数が多い場合、どうしても頭で覚えておくのは限界があります。覚えたつもりでも忘れてしまい、夕方にあわててしまったり、残業が長くなったり……ということにならないために**「タスクを見る習慣」**がとても重要なのです。

③ 突発の仕事に対応する

また、デスクワークでは突発の仕事が多くなりがちです。上司から急ぎの仕事を頼まれたり、急なトラブルがあって対応しなければいけなかったりと、最初に立てた予定通りにはいかないこともあるはず。こうした予定変更には柔軟に対応していきます。

たとえば、急な仕事に対応していると、元々予定していたタスクを実行しきれないことも出てきます。その場合、各タスクの期限も考慮しつつ、一部のタスクは翌日に実行することにします。逆に、急な仕事があまり入らない日は、予定したタスクがすべて完了しても、まだ時間が残っている場合も出てきます。この場合、翌日に予定しているタスクも先取りして片づけていきます。

このように、当初から予定しているタスクの実行を予定よりも遅くしたり、早くしたりすることで、急な仕事にも柔軟に対応しやすくなります。もちろん、タスクがすべて予定通りに終わるに越したことはないのですが、突発の仕事がある場合には、柔軟に対応することも必要。柔軟に対応できないタイムマネジメントでは継続が難しくなってしまいます。

仕事の内容によっては、特に突発の仕事が入りやすい場合もあります。その場合は、当日に突発の仕事が入る可能性も考慮して、あらかじめ各タスクの実行日に余裕を持たせておくことが必要です。期限ギリギリの日に実行する計画だと、タスクの実行日を後にずらすことができず、後で困るかもしれないからです。

④所要時間を意識して仕事をする

また、タスクはアポイントメントとは異なり、明確に開始時刻や終了時刻を決めずに進めることが多いもの。そのため「それぞれのタスクにどのくらいの時間がかかるか」を意識することは、あまりありません。

しかし、タスクの所要時間を予想したり、予想した所要時間内に終わらせられるように作業することは重要です。この予想や実行がうまくいくかどうかで、仕事の段取りや仕事量の予測の精度が決まります。

こうした所要時間をうまく予想するためには、タスクを行うときに「そのタスクの所要時間」を意識する習慣がとても有効です。たとえば、あるタスクを行うときに「このタスクは○○分で終わらせよう」と意識して、実際に時間を測りながら行ってみてください。タスクの内容によって、思ったよりも時間がかかるタスクもあれば、意外に短時間で終わるタスクもあるはずです（どちらかというと「思ったよりも時間がかかるタスク」の方が多いと思います）。つまり、最初に予想した所要時間がずれていたということです。

こうした予想と実際のずれを知ることは、次から同様のタスクを段取りしたり、仕事量を予測したりするときに役立ちます。また、時間を意識して作業をすると「時間内に終わらせよう」という意識が働くためか、集中力が高まり、作業のスピードが速くなる傾向があります。

こうやって「仕事は集中して終わらせて」「残業時間は減らす」ようにすると、仕事にメリハリがつきますし、かえってしっかり休養をとれるようになります。試してみてはいかがでしょうか。

3 タイムマネジメントをさらに改善する

①タイムパフォーマンスを高める

自分自身の「時間の使い方」を改善するためには、それぞれの仕事の「タイムパフォーマンス（時間対効果）」を高めることが必要です。タイムパフォーマンス（時間対効果）というのは、コストパフォーマンス（費用対効果）になぞらえた造語で「同じ時間でどれだけ効果の高い仕事ができるか」という意味です。

たとえば、同じ仕事をやるなら、より効率良く、より短時間で終わらせられる方がタイムパフォーマンスが高いということになります。逆に、同じ時間をかけるならば、より成果の高い（質の高い）仕事をする方がタイムパフォーマンスは高まります。

私たちが行っている仕事それぞれについて、こうしたタイムパフォーマンスがあります。実際、「この会議、二時間もかけて大したことが決まらない……時間のムダだ」のように「その仕事に、それだけの時間をかける価値があったかどうか」を考えることもあると思います。これは会議という「アポイントメント」のタイムパフォーマンスです。

一方、「タスク」のタイムパフォーマンスは、なかなか意識しにくいものです。というのは、タスクの所要時間、つまり、それぞれのタスクにどれだけの時間がかかったかを正確に把握している人は少ないからです。この所要時間を計ってみることが、タスクのタイムパフォーマンスを高める秘訣です。

「楽しい時間は早く過ぎ、退屈な時間は長く感じる」とよく言われるように、私たちの時間の感覚は「そのとき何をしているか」で違ってきます。当然、仕事の内容によっても時間の感じ方は違います。ですから、それぞれの仕事にどれだけ時間がかかったかという感覚はあまり当てにならないものです。実際に記録を取ってみるとよくわかります。

② 自分の時間の使い方を振り返る

これまでに紹介したタイムマネジメントの手法に一工夫すると、このタスクの所要時間の記録を取ることができます。もともと、タスクを実行するのは、アポイントメントが入っていない空き時間。タイムスケジュールのその部分は空白になっているはずです。ここに、タスクを実行しながら記録を取っていきます。図表5－3のように、タスクに取り組んだ時刻から太い

■図表５-３　タスクの所要時間を記録する

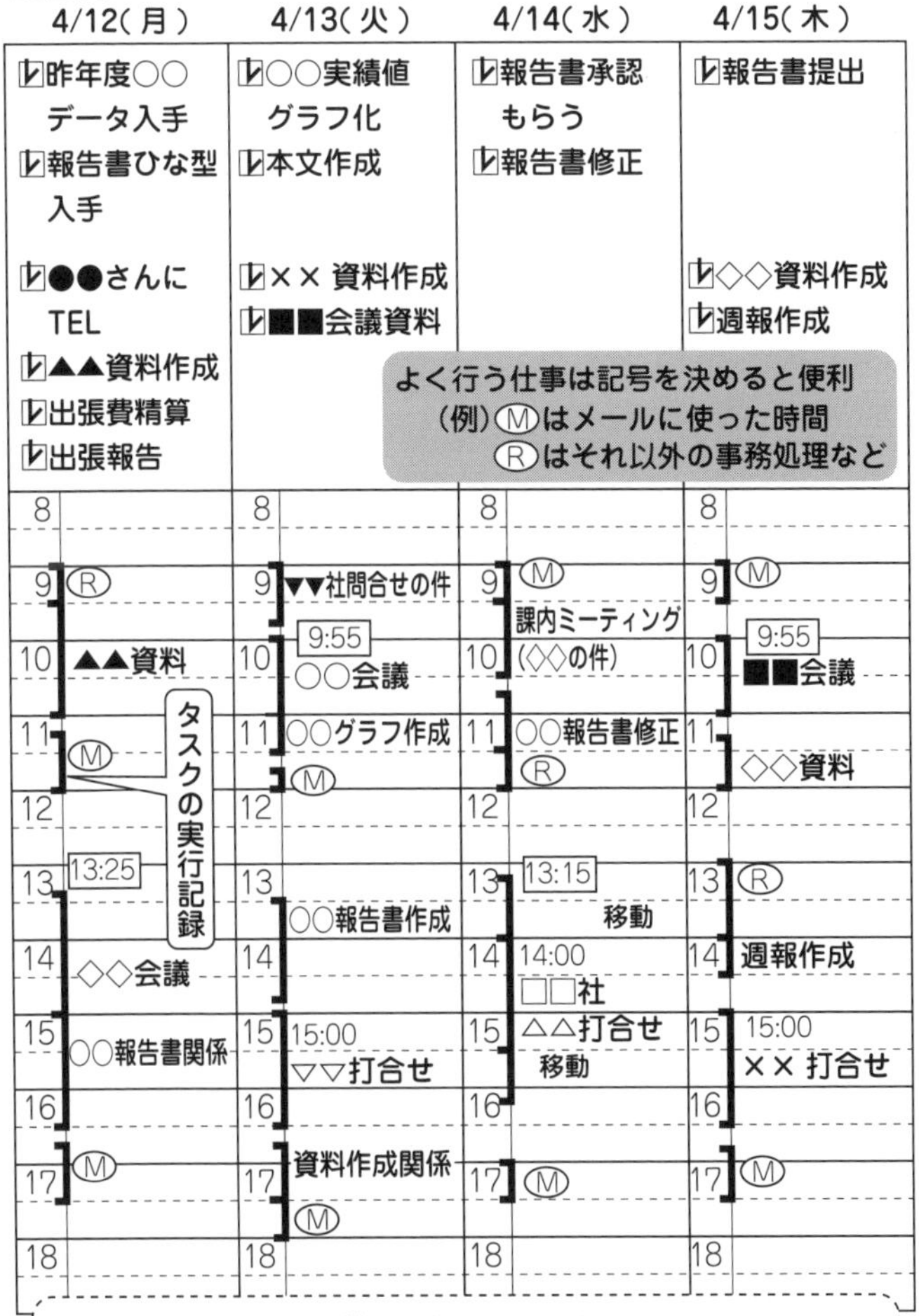
4/12(月)
4/13(火)
4/14(水)
4/15(木)
☑昨年度○○データ入手
☑報告書ひな型入手
☑●●さんにTEL
☑▲▲資料作成
☑出張費精算
☑出張報告
☑○○実績値グラフ化
☑本文作成
☑×× 資料作成
☑■■会議資料
☑報告書承認もらう
☑報告書修正
☑報告書提出
☑◇◇資料作成
☑週報作成
よく行う仕事は記号を決めると便利
(例)Ⓜはメールに使った時間
Ⓡはそれ以外の事務処理など
タスクの実行記録
8
9
10
11
12
13
14
15
16
17
18
Ⓡ
▲▲資料
Ⓜ
13:25
◇◇会議
○○報告書関係
Ⓜ
▼▼社問合せの件
9:55
○○会議
○○グラフ作成
Ⓜ
○○報告書作成
15:00
▽▽打合せ
資料作成関係
Ⓜ
Ⓜ
課内ミーティング
(◇◇の件)
○○報告書修正
Ⓡ
13:15
移動
14:00
□□社
△△打合せ
移動
Ⓜ
Ⓜ
9:55
■■会議
◇◇資料
Ⓡ
週報作成
15:00
×× 打合せ
Ⓜ

タスクを実行した時間帯を記録していくと・・・

- タスクの所要時間の感覚がより鋭くなる
- 自分の時間の使い方がわかり、タイムパフォーマンスの低いタスクに気づきやすくなる線を引き始め、そのタスクが終わったら、その時刻まで線を延ばします。

このようにタスクの実行記録を取っていくと、それぞれのタスクについて「思っていたよりも時間がかかった」ことや「意外に短時間で終わった」ことが感じられるはずです。タスクの所要時間の感覚がより鋭くなっていくのです。

タスクの所要時間が分かってくると、タイムパフォーマンスの低いタスクに気づくことが増えてきます。一日、あるいは一週間が終わった時点で振り返ってみると、いろいろなことに気づくはずです。2章でも述べたように、仕事の中にはさまざまな「ムダ」が潜んでいるものです。タイムパフォーマンスを意識することは、その改善のためにも役立ちます。

このタスクの記録は、すべて完璧に取ろうとすると大変です。完璧でなくても構いませんので試してみてください。ある程度記録するだけでもいろいろ気づくはずです。

十分もかからない短いタスクの場合は記録を取るまでもありませんが、ときどきタイマーやストップウォッチ等で時間を計ってみると面白いものです。普段行っている仕事には「五分もかからず終わる仕事」も意外に多い。そう感じると、五分や十分の空き時間もムダにしなくなってきます。

4 タイムマネジメントを継続するために

①タイムマネジメント継続の秘訣

「タイムマネジメントを継続するコツはありますか？」　これは、私がときどき頂くご質問です。「継続するためのコツ」は確かにあります。それを説明するには、逆に「どういう場合にタイムマネジメントに挫折しやすいか」を紹介した方がわかりやすいと思います。

タイムマネジメントを続けにくくなる最初の兆候は「手帳（やパソコンのスケジュール管理ソフト）をあまり見なくなる」ことから始まります。「面倒だから見ない」「今日の予定は分かっているから見ない」といった理由で手帳を見なくなってくると、次は「新しいタスクが入ってもすぐに書かない」ようになってくる場合があります。「タスクは後でまとめて書けばいい」と思う気持ちもわかりますが、これは良くありません。

「タスクを後で書こう」と思っていると、ついつい「後で書かなければいけないタスク」がたまってしまいます。これがたまってくると、ますます書くのが面倒になってしまいます。忙しいとき、余裕がないときほどそうなりがちです。書くのが面倒だと思うと、書いてないタスクがたまりやすく、タスクがたまるほど、ますます面倒に感じる。この悪循環がタイムマネジメントが続かなくなる最大の原因です。

②「その場で書く」「見ながら仕事をする」

つまり、タイムマネジメントを継続するコツは、アポイントメントやタスクを**「その場で書く」**ことなのです。さらに、その「その場で書く」ことをおろそかにしないためには、いつでもすぐに書ける態勢ができていることが重要です。

先に紹介したように、手帳の置き場所を決めておき、常に「タスクが目に入るように」なっていると、いつでもすぐに書けます。「手帳を見る習慣」が「手帳に書く習慣」につながるというわけです。

ですから、タイムマネジメントを継続するためには手帳（スケジュール管理ソフト）に「書く」ことと「見る」ことをおろそかにしないことが、最も重要なのです。

column 5

タイムマネジメントの真のメリット

本書で紹介したタイムマネジメントは「時間をうまく活用する」ための手法ですが、実際に実行してみると、それ以外にもさまざまなメリットが感じられます。タスクの計画を立て、実行できていくと仕事により自信が持てるようになりますし、「これだけやれた」という達成感も感じられます。仕事をうまくこなし、より「やりたい仕事」に時間を使えるようになるというメリットもあります。

また、仕事を終えて帰るときに「やり残した仕事がないか?」と不安になることが無くなるので、仕事とプライベートで（オンとオフで）気持ちを切り換えやすくなります。もちろん、残業が減り、ワーク・ライフ・バランスが良くなるという効果もあります。

ただ、私自身が最も強く感じたのは、タイムマネジメントを行うことにより、仕事で感じるストレスが減ったことでした。実際、朝に出社するときの気分まで変わったのです。おそらく、それまでは仕事に追われ、時間に追われることで、知らず知らずのうちにさまざまなストレスを抱え込んでいたのでしょう。あなたもぜひ、タイムマネジメントを実行してこれらのメリットを感じてみてください。

【本書の参考文献】
・『トヨタ生産方式―脱規模の経営を目指して―』大野耐一著、ダイヤモンド社
・『タイプA 性格と心臓病』M.フリードマン、R.H.ローゼンマン著、新里里春訳 創元社

さくいん

あ行

か行

さ行

た行

な行

さくいん

ＳＡＮＮＯ仕事術シリーズ

産業能率大学出版部は、マネジメントの総合教育・研究機関である（学）産業能率大学の関連出版部門として、これまで実務に役立つ数多くの経営書・一般教養書などを発行してきました。

本シリーズは、これまで培ってきたノウハウを生かし、ビジネスパーソンが仕事を効率よく進め、確実に成果を上げるために必要なさまざまな「ビジネス基礎力」について、実務に生かせる実践的ビジネス書としてまとめ、シリーズ化して刊行されたものです。

著者紹介

水口　和彦（みずぐち　かずひこ）

時間管理コンサルタント。有限会社ビズアーク取締役社長。
1993年大阪大学大学院修士課程修了。住友電気工業株式会社にて研究開発・品質管理に従事しながらタイムマネジメントを研究し、残業を大幅に削減する。その経験を活かし2006年に独立。数少ない「タイムマネジメント専門講師」として、企業や自治体のタイムマネジメント指導を行っている。タイムマネジメントに関する取材や執筆実績多数。

〔著書〕
『仕事力が3倍アップする時間活用法』（実務教育出版）
『時間管理の基本とコツ』（学習研究社）
『王様の時間術』（ダイヤモンド社）など。

【著者ブログ・ホームページ】
時間管理術研究所：http://jikan.livedoor.biz/
有限会社ビズアークHP：https://bizark.co.jp/

時間活用術
—仕事をテキパキ、スピードアップ—　〈検印廃止〉
著　者　水口　和彦

発行者　坂本　清隆
発行所　産業能率大学出版部
東京都世田谷区等々力6-39-15　〒158-8630
（電話）03 (6432) 2536
（FAX）03 (6432) 2537
（振替口座）00100-2-112912

2010年3月25日　初版1刷発行
2023年7月15日　　2刷発行

印刷所／渡辺印刷　製本所／協栄製本
（落丁・乱丁本はお取り替えいたします）　ISBN978-4-382-05620-6